Peter Wendl

100
FRAGEN,
die Ihre Beziehung
retten

W0068081

Peter Wendl

100 FRAGEN,
die Ihre Beziehung
retten

mvgverlag

Bibliografische Information der Deutschen Nationalbibliothek:
Die Deutsche Nationalbibliothek verzeichnet diese Publikation in der Deutschen
Nationalbibliografie; detaillierte bibliografische Daten sind im Internet über
http://d-nb.de abrufbar.

Für Fragen und Anregungen:
peterwendl@mvg-verlag.de

2. Auflage 2013

© 2013 by mvg Verlag, ein Imprint der Münchner Verlagsgruppe GmbH,
Nymphenburger Straße 86
D-80636 München
Tel.: 089 651285-0
Fax: 089 652096

Redaktion: Birgit Walter, Augsburg
Umschlaggestaltung: Kristin Hoffmann, München
Umschlagabbildung: iStockphoto
Satz: Georg Stadler, München
Druck: CPI – Ebner & Spiegel, Ulm
Printed in Germany

ISBN Print 978-3-86882-425-4

Weitere Informationen zum Thema finden Sie unter:

www.mvg-verlag.de

Beachten Sie auch unsere weiteren Verlage unter
www.muenchner-verlagsgruppe.de

Inhalt

Die Beziehung retten und neu stärken!? 100 Fragen sind dafür eine belebende »Erste Hilfe« und ein Kompass der Orientierung. Dieses Buch bietet Ihnen einen erfrischenden und überschaubaren Fahrplan, um zu klären, was für einen Neuanfang als Paar notwendig ist. Fast spielerisch wird dabei deutlich, wie Sie gemeinsam entscheidende Kursänderungen in Ihrer Partnerschaft vornehmen. Zugleich stellt Ihnen dieser »Beziehungsretter« eine ebenso kompakte wie schnelle Methode vor, um mit Ihrem Partner/Ihrer Partnerin die dafür zentralen Fragen auf spannende Weise auszutauschen.

Sie haben Lust, einfach und unkompliziert Ihre Beziehung zu bereichern, für Abwechslung und »Aufwind« zu sorgen? Oder wägen Sie gerade ab, ob Ihre Partnerschaft überhaupt noch eine Zukunft hat, und wünschen sich dabei Unterstützung? Dann sollten Sie diesen spannenden Blick »zurück nach vorn« wagen. Denn wer sich auf das kleine Abenteuer der 100 Fragen einlässt, kann danach leichter das Positive bestärken und Negatives verändern. Besonders profitieren Sie von diesem Buch, wenn eine oder mehrere der folgenden Überlegungen auf Sie zutreffen:

- **Es ist an der Zeit, wieder einmal etwas für unsere Beziehung zu tun.**
- **Es wäre gut, mit meinem Partner/meiner Partnerin mehr Vorstellungen und Wünsche auszutauschen.**
- **Ich weiß gar nicht mehr, was ich in meiner Beziehung überhaupt will.**
- **Die derzeitige Lebensphase in der Partnerschaft bringt mehr Unsicherheit als Klarheit mit sich.**
- **Ein Jubiläum, ein Abschied, ein Neubeginn, ein besonderer Geburtstag oder ein runder Hochzeitstag steht an.**

- Es stellt sich die Frage nach Zusammenziehen oder Heirat.
- Das Thema Kinder spielt grundsätzlich eine Rolle oder es ist uns beiden nicht in gleichem Maße wichtig.
- Die Kinder sind aus dem Haus – und wir müssen plötzlich neue Themen für die Beziehung finden.
- Die Lebensziele driften immer weiter auseinander und es stellt sich die Frage »Wie geht es weiter?«.
- Meine Angst, dass die Beziehung auseinanderbricht, wächst, ich weiß aber nicht, wie Zusammenbleiben und Neuanfang möglich sind.
- Ein (Groß-)Elternteil ist pflegebedürftig oder vor Kurzem verstorben.
- Ich habe jemanden kennengelernt, der mich »reizt«, und stehe zwischen dieser Person und meinem Partner/meiner Partnerin.
- Womit mein Partner/meine Partnerin zufrieden scheint, reicht mir nicht (mehr).
- Die Trennung droht.
- Ich möchte wieder einmal in den Blick nehmen, was unsere Beziehung eigentlich ausmacht.
- Unsere Partnerschaft läuft seit Langem langweilig und vorhersehbar ab und braucht deshalb Belebung.
- Auch ohne Krise möchte ich gerne einmal wieder für »frischen Wind« in unserer Partnerschaft sorgen.

Wenn diese Gedanken eine Rolle spielen, dann ist dieses Buch genau richtig, um für mehr Klarheit in Kopf und Herz von beiden Partnern zu sorgen. Sie können damit gemeinsam befreiende Erkenntnisse gewinnen, um ein neues Zusammenfinden in die Wege zu leiten. Dabei wird vor allem das betont, was Ihre Partnerschaft stark werden und wachsen ließ. Die wesentlichen Grundlagen für den Richtungswechsel entwickeln Sie selbst, indem Sie einfach die vorgegebenen Fragen beantworten. Denn dieses Buch ist nicht irgendein Ratgeber, sondern es motiviert Sie dazu und begleitet Sie dabei, IHRE entscheidenden Probleme konkret und unmittelbar anzugehen. Nicht jede einzelne Frage muss für Sie gleichermaßen bedeutsam sein, vielmehr gewinnen Sie durch das »Gesamtpaket« der Fragen Einsichten, die Sie direkt darin unterstützen, in Ihrer Partnerschaft für Aufwind zu sorgen. Durch Ihre eigene Lebenssituation und Ihre individuellen Antworten wird es zu Ihrer ganz persönlichen Inspirationsquelle, die entscheidend dazu beitragen kann, quälende Unklarheiten zu bereinigen und Ihre Partnerschaft neu zu bereichern.

Gehen wir eine Partnerschaft ein, sind wir oft voller Visionen, Träume und Erwartungen. Wir möchten es besser machen und nicht den vertrauten, ernüchternden Szenarien folgen. Im Laufe der Zeit werden unsere Ideale aber immer wieder auf die Probe gestellt. Irgendwann bekommt es das Verliebtsein mit dem beinahe unvermeidlichen Funktionieren im Alltag zu tun, wenn wir abends zu Hause müde »aufeinandertreffen« und froh sind, »unsere Ruhe zu haben«. Die Ansprüche und Eigenheiten des Partners/der Partnerin beginnen uns zu langweilen oder zu nerven. Uns stören vielleicht die Sticheleien, das ständige Nörgeln, die Vergesslichkeit, die Unordentlichkeit oder die lähmende Teilnahmslosigkeit. Beide Partner fühlen sich zunehmend weniger verstanden und unterstützt. Zusätzlich können Kinder – aber auch (ungewollte) Kinderlosigkeit – eine Partnerschaft völlig verändern, denn dann drängen sich neue Themen in den Vordergrund. Statt eines Miteinanders wird es ein Nebeneinanderherleben. Von den ursprünglichen Zielen und Visionen bleiben nur vage Erinnerungen. Gerade in Krisen wird der Blick auf das gelenkt, was belastet oder falsch gelaufen ist. Und so sehen wir vor allem das, was uns an unserem Partner/unserer Partnerin NICHT gefällt. »Wir sind uns fremd geworden und leben uns auseinander« – solche Sätze schleichen sich dann immer öfter ins Bewusstsein. Nicht selten erwacht dadurch neues Interesse an anderen potenziellen Partnern, mit denen (vermeintlich) alles viel leichter wäre. Dadurch geraten vertraute Seiten, schöne gemeinsame Zeiten und bestandene Herausforderungen in der realen Beziehung noch leichter in Vergessenheit.

⇨ In einer solch verfahrenen Situation sollen simple Fragen und eine »Selbstreflexion« helfen? **Ja!** Denn es steckt eine außergewöhnliche Energie in einer ehrlichen und tief greifenden Zwischenbilanz der Beziehung. Der offene Austausch über das »Eingemachte« bietet riesige Chancen. Die Sehnsüchte und Sorgen, die seit Langem verschütteten Pläne, die Überzeugungen, den Witz, die Gemeinsamkeiten und die Unterschiede zum eigenen Partner endlich (wieder) begreifbar zu machen – das ist tatsächlich eine wunderbare Schatzkiste.

Was kann die Beziehung überhaupt retten und neu beleben?

Die Paarforschung kann heute ziemlich genau benennen, was wichtig ist, damit Beziehungen langfristig funktionieren. Vier zentrale Säulen sind entscheidend: **Liebe, Vertrauen/Geborgen-**

heit, erfüllende Sexualität und vor allem eine gelingende Kommunikation der Partner.[1] Diese Säulen sind je nach Lebensphase von unterschiedlicher Bedeutung, auf Dauer jedoch alle unersetzlich. Darüber hinaus sorgen für eine lebendige, gelingende Partnerschaft:

- **das gemeinsame Meistern von Alltagsproblemen mit dem Finden von fairen Kompromissen,**
- **eine angemessene Stressbewältigung**
- **und, ganz wichtig, realistische (!) Erwartungen aneinander.**

Frühe Anzeichen von Krisen sollten nicht übergangen, sondern als Chance zur Besserung betrachtet werden. Letztlich scheitern Beziehungen fast immer an einer misslingenden Kommunikation und am fehlenden Zusammenarbeiten der Partner im Alltagsstress. Aus zahlreichen Studien lassen sich konkrete Voraussetzungen ableiten, wie Partnerschaften wirklich gestärkt werden.[2] Um die eigene Beziehung auf lange Sicht zu beleben, gilt es die folgenden Spielregeln zu beachten:

1. **Überwinden Sie Ihren inneren Schweinehund und tauschen Sie sich gemeinsam über das aus, was in Ihnen vorgeht. Nur so kann der Partner/die Partnerin überhaupt wissen, was los ist. Das ist wesentlich, damit beide Partner eine erfüllte Beziehung erleben können.**
2. **Geben Sie Ihrer Partnerschaft mindestens denselben Stellenwert wie anderen wichtigen Bereichen in Ihrem Leben (Kinder, Beruf, Hobby, Freunde). Investieren Sie also bewusst in Ihre Partnerschaft und achten Sie darauf, wofür und für wen Sie wie viel Zeit „verwenden".**

3. Erneuern Sie immer wieder Ihr Wissen über die Erwartungen des Partners/der Partnerin. Eine Beziehung verändert sich IMMER. Nie bleibt sie ein für allemal gleich – und somit auch nicht die Vorstellungen, Wünsche und Ängste beider Partner. Wesentliche Änderungen schleichend zu verpassen, ist Gift für die Beziehung.

4. Pflegen Sie schöne Erinnerungen und Partnerschaftsrituale (Jahrestage, wichtige Ereignisse, wohltuende Erlebnisse und was Ihrer Beziehung sonst guttut).

5. Planen und stimulieren Sie bewusst Schönes in Ihrer Partnerschaft – und verwöhnen Sie Ihr Gegenüber.

6. Verändern Sie etwas in Ihrer Beziehung: Schaffen Sie Abwechslung gegen eine lähmende Monotonie (materiell, sozial, körperlich, sexuell, sprituell, im Gespräch und im Umgang miteinander).

7. Arbeiten Sie daran, Ihren Partner/Ihre Partnerin zum engsten Vertrauten zu machen – ohne auf beste Freunde/Freundinnen zu verzichten oder sie gegeneinander auszuspielen.

8. Nehmen Sie auch professionelle Hilfe in Anspruch: Sich helfen zu lassen ist kein Zeichen von Unfähigkeit, sondern von Klugheit.

9. Versichern Sie Ihrem Partner/Ihrer Partnerin, dass er/sie Ihnen (zukünftig) vertrauen kann – und verhalten Sie sich auch so. Dann ist – mit einer Portion Versöhnungsbereitschaft – IMMER ein Neuanfang miteinander möglich.

10. Das goldene Dreieck der gesunden Beziehung:
    - Achten Sie auf Ihre Selbstpflege: Nur wer sich um sich selbst und seine Bedürfnisse kümmert, sich selbst etwas gönnt und immer wieder mit sich selbst ins Reine

**kommt, kann auch seine Beziehung pflegen. Auszeiten
können dabei helfen (z. B. Urlaub, Kloster, Meditations-
oder Wellness- oder Besinnungswochenende etc.)**

- **Versetzen Sie sich immer wieder auch in die Lage Ihres
Partners/Ihrer Partnerin.**
- **Entwickeln Sie gemeinsame und eigene Perspektiven.
Sprechen Sie Lebensziele ab. Und finden Sie dann ge-
meinsam Kompromisse für unterschiedliche Ziele, Er-
wartungen, Sehnsüchte, Wünsche und Ängste.**

An diesen Erkenntnissen knüpft dieser »Beziehungsretter« an
und setzt sie anhand der 100 Fragen im zweiten Kapitel unmittelbar um. In Kapitel 3 können Sie die aus den 100 Fragen gewonnenen Erkenntnisse vor dem Hintergrund Ihrer momentanen Lebensphase weiter vertiefen und »anwenden« – und dadurch eine
wesentliche »Kursänderung« in Ihrer Beziehung herbeiführen.
Dabei werden die »vier Säulen erfüllender Partnerschaft« sowie
der Überblick über die »entscheidenden Veränderungen im Verlauf einer Beziehung« wichtige Orientierungshilfen sein. Das
vierte Kapitel rundet das Buch mit Denkanstößen und einem
Ausblick auf den Neuanfang ab. Dort werden auch kurz und
knapp einige hervorragende Kommunikationstrainings für Paare
vorgestellt, die – fast immer! – kleine Wunder für die Partnerschaft bewirken.

Oft werde ich in Seminaren gefragt, was nötig ist, damit eine Beziehung (lebens)lang hält. Oder wie sie gerettet werden kann,
wenn sie bereits auf der Kippe zu stehen scheint. Meine erste
Antwort ist simpel und schwierig zugleich: Beide müssen es wollen! Ein zweiter Grundsatz, der zu beherzigen ist, lautet: Sie wer-

den Ihren Partner/Ihre Partnerin niemals ändern können. Das ist unmöglich, auch wenn viele das über Jahrzehnte versuchen. Was aber definitiv zu bewerkstelligen ist, ist, sich selbst zu verändern. Dies ist möglich, ohne die eigenen Wünsche und Sehnsüchte zu missachten. Es geht in diesem Kontext nicht darum, welcher der beiden Partner immer wieder nachgibt. Ausschlaggebend ist, dass jeder Einzelne sein Verhalten, seine Einstellungen und auch seine Erwartungen immer wieder infrage stellen und neu ausrichten kann und muss. Faszinierenderweise wirken sich diese Variationen um die eigene Person fast unausweichlich auf das gesamte Beziehungsgeflecht aus. Durch die eigene Veränderung wird also meist zugleich Neues in der Partnerschaft möglich. Insofern ist ein altes Sprichwort auch für Beziehungen zeitlos gültig und wichtig:

»Höre nie auf anzufangen und fange nie an aufzuhören!«

Übrigens ist es nicht Aufgabe Ihres Partners/Ihrer Partnerin, Sie glücklich zu machen. Auch das ist nämlich unmöglich. Für Ihre Zufriedenheit tragen vor allem Sie selbst die Verantwortung. Allzu oft sind jedoch schlichte Hilflosigkeit oder Erschöpfung der Grund, dass der Beziehung keine Chance mehr gegeben wird, obwohl eigentlich noch großes Potenzial vorhanden wäre. Die Notwendigkeit einer Kursänderung wird zwar wahrgenommen, aber es ist nicht klar, wie diese herbeigeführt werden kann und in welche Richtung sie gehen soll. Allerdings geben Trennung und neue Beziehung häufig nur vermeintlich Aufwind, denn wer nur den Partner »austauscht« und sonst nichts ändert, landet meist nach weniger als zwei Jahren bei den gleichen oder ganz ähnlichen Problemen.

Trennungen werden angestrebt, wenn einer der Partner oder beide die Beziehung eher als Defizit denn als Bereicherung empfinden. In diesem Zusammenhang sind die Erkenntnisse des Richters Arthur Trossen beachtenswert, der vorwiegend Scheidungsverhandlungen vorsaß und die Trennungen vom Ende her beleuchtet. Trossen stellt fest, dass die Lebensqualität nach einer Scheidung regelmäßig überschätzt wird. In dieser Situation sind neue Beziehungen mit einem Partner/einer Partnerin, der in den vermissten Bereichen Verbesserung verheißt und die ausgemachten Defizite nicht aufweist, sehr verlockend. Nach geraumer Zeit entdecken Geschiedene jedoch, dass der neue Lebensgefährte andere Mankos mit sich bringt. Wer diese Tatsache realisiert und sich rückblickend bewusst macht, was durch Trennung und Scheidung zerstört wurde und wie viel Stress dadurch verursacht wurde, kommt zu dem Ergebnis: »Nein, das war es nicht wert.« Erschreckenderweise ziehen laut Paartherapeuten etwa zwei Drittel der Betroffenen im Rückblick auf ihre Scheidung dieses Resümee.[3]

Diesen Teufelskreis gilt es zu durchbrechen – und mit dem Partner neu durchzustarten! Liebe ohne Kompromisse ist auf Dauer kaum möglich. Aber es gibt nur wenige Einschränkungen, die im gegenseitigen Zusammenwirken nicht gemildert oder zumindest akzeptiert werden könnten. Es lohnt sich also, für Veränderungen Kraft aufzuwenden, um die Beziehung zu retten und neu zu beleben. Es ist sehr quälend, wenn zwei Liebende sich immer weiter auseinanderleben und einander fremd werden. Doch das Ruder lässt sich herumreißen, eine Wiederannäherung ist möglich – einfach, spannend und mit ganz viel Lust! Dazu ist lediglich die Bereitschaft zu neuen Betrachtungsweisen erforderlich: zum Rück-

Blick auf das, was war, zum Blick-Wechsel auf die Gegenwart und zu Aus-Blicken nach vorne. Alles zusammen schafft bereichernde gemeinsame Perspektiven.

1. Zwischenbilanz der Beziehung – viel mehr als ein Fragebogen

Sinnvoll ist eine »Zwischenbilanz« der Partnerschaft nicht nur dann, wenn die Beziehung gänzlich auf der Kippe steht und es um alles oder nichts geht, sondern auch in Übergangszeiten: wenn der Wert des Bisherigen und der möglichen Zukunft bestimmt werden soll, wenn Bestehendes nicht mehr tragfähig scheint, wenn wegweisende Entscheidungen getroffen werden müssen, wenn eine Lebensphase abgeschlossen oder begonnen wird. Bilanz zu ziehen bereichert aber auch im ganz normalen Alltagsleben. Es beinhaltet viel mehr, als Positives gegen Negatives aufzuwiegen, denn eine Partnerschaft geht weit über Geschichte und Erfahrungen hinaus. Eine ganz eigene Qualität bekommen die Ergebnisse, wenn Sie sie mit Ihrem Partner/Ihrer Partnerin austauschen.

Der Philosoph Erasmus von Rotterdam prägte sinngemäß die Aussage: Versuche so zu leben, wie du in deiner letzten Stunde gelebt haben möchtest! Um dieses Ziel zu erreichen, benötigen wir nicht nur Antworten, sondern zunächst einmal vor allem die richtigen Fragen. Erich Kästner brachte das auf den Punkt:

»Die Fragen sind es, aus denen das, was bleibt, entsteht.«

Im Kern würden zwei Fragen ausreichen, um zu einer Bilanz des Wesentlichen zu gelangen: Kann und soll es so, wie es jetzt ist, weitergehen? Und wenn nicht, was soll sich ändern, damit ein gutes Miteinander (wieder) möglich ist?

In welcher Form genau kann nun aber eine Zwischenbilanz der Beziehung gezogen werden? Wie kann eine Liste von Fragen dazu beitragen, möglichst schnell Kraft für einen Neuanfang zu gewinnen? Warum hilft eine Beziehungsbilanz, die Partnerschaft zu retten? Gerade im Angesicht des drohenden Scheiterns und im Bewusstsein schmerzhafter Erfahrungen kann durch eine Ermittlung des Status quo viel Wertvolles gelernt werden. Ziele, Träume, Ängste und Hoffnungen werden wieder bewusst und in ganz neuer Art und Weise zugänglich. Es sind genau diese sich im Lauf der Zeit auch verändernden Visionen und Empfindungen, die den Schlüssel für ein erfülltes Zusammensein bilden – wenn sie entsprechend ausgetauscht werden und wenn aus ihnen Rückschlüsse gezogen werden. Wie sehen unsere unterschiedlichen Blickwinkel aus? Was sind eigentlich unsere Stärken? Was stört mich an meinem Gegenüber? Wo haben wir Entwicklungschancen? Was gefährdet uns über kurz oder lang, wenn wir nicht einschreiten?

Kursänderungen erfordern also zunächst einmal den Mut, auf das bisherige Fahrwasser zu blicken. Diese Investition lohnt sich – zu jedem Zeitpunkt der Partnerschaft. Bildhaft ausgedrückt, bedeutet das: Wird das Steuer herumgerissen, reichen selbst kleine Veränderungen aus, um den Eisberg in letzter Minute zu umschiffen, vielen Hindernissen aus dem Weg zu gehen und eine neue Route einzuschlagen.

Ein besonderes Erlebnis – oder was mich zu diesem Buch motivierte

Seit mehr als zehn Jahren verwende ich in meinen Paarseminaren Fragebögen, die es den Teilnehmern erleichtern, miteinander ins Gespräch zu kommen. Die Rückmeldung eines Kursteilnehmers war für mich eine besondere Motivation für dieses Buch. Er formulierte folgendes schriftliches Feedback am Ende eines Wochenendes: »*Es war schon seltsam: Sie drücken uns einen schlichten Zettel mit Fragen in die Hand und schicken uns damit eine Stunde lang zum Spazierengehen. Nach kurzer Zeit kommen wir ins Gespräch über Gedanken, die wir seit Jahren nie miteinander ausgetauscht hatten. Dabei waren wir uns beide sicher zu wissen, was der andere denkt. Für uns eröffnete sich ein kleines Feuerwerk an Aha-Effekten. Übrigens gerade noch rechtzeitig, wie sich herausstellte.*« Ähnliche Reaktionen erlebte ich in mittlerweile mehr als 150 Wochenendseminaren mit über 900 Paaren immer wieder. Die Teilnehmer befinden sich meist in Phasen der Partnerschaft, in denen aus verschiedenen Gründen Bilanz gezogen wird. Ich konnte oft beobachten, dass der Fragebogen von den Seminarbesuchern nach kurzer Skepsis als große Hilfe und Inspiration empfunden wurde – und Außergewöhnliches in die Wege leitete. In dem Bogen sind zur Orientierung wichtige Lebensfragen zusammengestellt, über die es den meisten Paaren schwerfällt, sich auszutauschen. Vermutlich bringen die Paare, die meine Kurse besuchen, auch aufgrund ihrer besonderen Lebenssituation die Bereitschaft mit, sich auf das »Frage-und-Antwort-Spiel« überhaupt einzulassen. Im Laufe der Zeit wurde es mir jedoch ein immer größeres Anliegen, diesen Fragebogen, der unzählige Male Besonderes ermöglichte, mehr Menschen zugänglich zu machen. Eine weitere Erfahrung bestätigte mich in diesem Vorhaben: Von den Paaren, die sich auf die ersten Fragen einlassen, hören nur sehr wenige auf, bevor (fast) alle Antworten gegeben sind. Manche arbeiten den Katalog »nur« mündlich ab. Andere gehen spielerisch vor und lassen Ihren Partner/Ihre Partnerin z. B. eine Nummer zwischen 1 und 100 auswählen, ohne zu wissen, welches Thema die entsprechende Frage ansprechen wird. Wieder andere beantworten alle Fragen der Reihe nach für sich allein und tauschen die Ergebnisse erst dann – oft auch schriftlich – mit dem Partner aus. Der Fantasie für die »Regeln« bei der Bearbeitung des Fragebogens sind selbstverständlich keine Grenzen gesetzt.

2. 100 Fragen, die Ihre Partnerschaft entscheidend verbessern – wenn Sie es wollen!

Ein-Blick vorab …

Es erwarten Sie nun 100 Fragen, Erinnerungen und Einschätzungen, die einen einzigartigen Blick »zurück nach vorn« auf Ihre Beziehung und Ihr Leben ermöglichen. Das Eintauchen in die einzelnen Themen lässt Inspirationen zutage treten und neue Sinnzusammenhänge entstehen – wie bei einer Skulptur, die von verschiedenen Seiten betrachtet werden muss, um als Ganzes erfasst zu werden. Das Besondere an dieser Vorgehensweise ist, dass Sie stets selbst der Regisseur/die Regisseurin sind. Der Blick »zurück nach vorn« zeigt Ihnen auf, welch schöne Zeiten Sie in Ihrer Partnerschaft erlebten, welche Hoffnungen Sie beflügelten – und warum das so war. Er macht aber ebenso deutlich, welche Belastungen und Enttäuschungen hinter Ihnen liegen und welche Herausforderungen auf Sie warten, um Ihrer Partnerschaft neuen Schwung zu verleihen.

Die nachfolgenden 100 Fragen werden durch Ihre individuellen Antworten, Ihre persönliche Geschichte und Ihre eigenen Gedanken, Erinnerungen und Sehnsüchte zu einem außergewöhnlichen Geschenk. Sie sind Klärungshilfe, Bereicherung und nicht zuletzt Quelle für die Aktivierung Ihrer Kräfte. Einige der Gedanken und Antworten werden Ihnen vielleicht schon immer klar gewesen sein, vieles aber wird Sie durchaus überraschen. Übrigens: Es mag sein, dass es Sie zunächst ein wenig Überwindung kosten wird, direkt in das Buch hineinzuschreiben, doch es lohnt sich. Denn, so betonte Max Frisch in seinem Tagebuch, *schreiben heißt: sich selber lesen!*

Die Spielregeln: Sie selbst schreiben das Buch Ihrer Beziehung

Der Blick »zurück nach vorn« entsteht auf unkomplizierte Weise: Lassen Sie sich auf das Abenteuer der Anregungen ein. Manche Antworten werden Ihnen leichter und andere umso schwerer fallen, viele werden Sie schmunzeln lassen, andere nachdenklich stimmen. Bei all diesen Reaktionen sollte die Lust am Blick »zurück nach vorn« stets entscheidend sein, denn die Belebung oder vielleicht sogar Rettung der Beziehung muss nicht als Last empfunden werden. Nur mit Neugierde, Freude, Lebenslust und einer gewissen spielerischen Leichtigkeit wird dieses Vorhaben gelingen.

Sie entscheiden über die Reihenfolge, die Ausführlichkeit, den Rhythmus und das Tempo!

Der Raum für jede Antwort ist bewusst begrenzt. Das reduziert u. a. den Anspruch, mit dem Sie einigen Fragen möglicherweise begegnen würden. Ihrer Kreativität, Ergänzungen vorzunehmen oder bestimmten Themen mehr Raum und Zeit einzuräumen, sind dennoch keine Grenzen gesetzt. In welcher Reihenfolge Sie die Fragen beantworten, bleibt ebenfalls Ihnen überlassen. Vielleicht beginnen Sie mit einem Kapitel, das Ihnen leichtfällt, oder mit einer Sektion, die Ihnen zurzeit besonders wichtig ist. Das Zufallsprinzip ist aufgrund des spielerischen Charakters verlockend. Andererseits ist es reizvoll, die vorgegebene Reihenfolge einzuhalten denn die Anordnung der Fragen wurde aus guten Gründen gewählt. Zugegeben: Manche der 100 Fragen werden nochmals durch Ergänzungsfragen zugespitzt. Und auch in den Vertiefungen im dritten Kapitel, werden Ihnen weiterführende Fragen zur speziellen Orientierung in Ihrer Paarsituation angeboten. Genau genommen sind es also mehr als 100 Fragen. Doch das Angebot dieser zusätzlichen Aspekte dient der weiteren Klärung Ihrer Perspektiven und Chancen aus den 100 Hauptfragen.

Dieses Buch bietet sowohl Ihnen allein als auch Ihrem Partner/Ihrer Partnerin Raum, Fragen zu Ihrem gemeinsamen Leben zu beantworten. Sie werden staunen, wie zwei Menschen denselben Sachverhalt einschätzen. Manches wird identisch, anderes gänzlich unterschiedlich sein. Im Blick »zurück nach vorn« zeigen sich immer wieder verschieden empfundene Leben, obwohl sie doch so eng zusammen geführt werden. Es ist ein großes Geschenk, die Einschätzungen des Partners/der Partnerin eröffnet zu bekommen und zugleich selbst Ein-Blicke zu geben. Außergewöhnlicher und spannender Gesprächsstoff wird Ihnen auf jeden Fall sicher sein! Schließlich sind das immer wieder erneuerte Wissen, die Hoffnungen, Erwartungen und Befürchtungen auf beiden Seiten eine ganz entscheidende Grundlage dafür, dass die Beziehung auf Dauer halten kann.

Eine ganz besondere Chance für Ihre Beziehung bietet sich, wenn Sie mit Ihrem Partner/Ihrer Partnerin einen Zeitrahmen für die Bearbeitung eines ausgewählten Fragenpools absprechen und anschließend die Antworten miteinander abgleichen. Das »Frage-und-Antwort-Spiel« eignet sich hervorragend für ein

»Wochenendprojekt«. Wie wäre es also, wenn Sie sich gegenseitig mit einem Verwöhnwochenende beschenken, begleitet von den 100 Fragen? Natürlich kann das Buch auch ganz behutsam über Tage, Wochen oder einen noch längeren Zeitraum wachsen. Auch das hat seinen Zauber. In einer Fernbeziehung bietet es sich an, die Erkenntnisse einander nach und nach zu präsentieren, zum Beispiel per Post oder E-Mail. Die beste Variante bleibt jedoch der Austausch von Angesicht zu Angesicht. Meine persönliche Empfehlung ist in jedem Fall, sich die Antworten bei einem Spaziergang im gegenseitigen Wechsel vorzustellen.

Die Bewegung beim gemeinsamen Spazierengehen erleichtert und beflügelt den Austausch!

Welche Variante Sie auch wählen, vergessen Sie bitte nie: Bei Ihren Antworten geht es nicht um Richtig oder Falsch und nicht um möglichst ähnliche Ansichten. Auch das Maß, in dem Ihre Einschätzungen voneinander abweichen, ist nicht entscheidend. Ausschlaggebend ist die neue Komposition für die Zukunft, die durch Ihre Antworten sowie den nachfolgenden Austausch mit Ihrem Lebensgefährten/Ihrer Lebensgefährtin entsteht. Anregungen können aus übereinstimmenden Bewertungen ebenso entstehen wie aus konträren Beurteilungen. Finden Sie heraus, was Sie zusammenhält und als Paar stark macht. Beschenken Sie sich gegenseitig mit Ihrer Sicht der Dinge. Dieses Buch wird auf jeden Fall einzigartig, es wird IHR Buch! Niemand könnte es so schreiben, niemand könnte es so besprechen wie Sie und Ihr Partner/Ihre Partnerin! Schließlich geht es um den Lebenslauf Ihrer Partnerschaft. Oder anders gesagt:

Es geht um Fragen

- zu uns,
- zu mir,
- zu dir,
- zu unseren Familien,
- unseren Freunden,
- unseren Visionen,
- zu Gott und der Welt,
- im Rückblick,
- im Blick auf die Gegenwart,
- im Ausblick auf die Zukunft,
- zu Gelungenem,
- zu weniger Gelungenem,
- zur Liebe,
- zum Tod,
- zur Angst,
- zum Humor,
- zur Erotik,
- zur Seele,
- zu Hoffnungen,
- zu unseren Stärken,
- zum Scheitern,
- zum Auseinanderleben,
- zu Krisen,
- zu Freuden,
- zur Lust,
- zum Älterwerden,
- zur Wiederbelebung,
- zur Rettung,
- zum ersten Kuss – und zu vielem anderen mehr!

Kurzum: Es handelt sich um 100 entscheidende Fragen in jeder Partnerschaft – nicht nur, aber besonders, wenn Sie Ihre Beziehung beleben oder gar retten wollen! Denn, Sie erinnern sich, es stärkt die Beziehung und ermöglicht immer wieder einen gemeinsamen Neuanfang,

• **wenn wir uns ausdrücklich Zeit für den anderen nehmen und damit gemeinsam in die Beziehung »investieren«,**

• **wenn wir uns immer wieder neu über Erwartungen und Befürchtungen austauschen, weil diese sich durch die Lebensphasen hindurch verändern,**

• **wenn wir schöne Erinnerungen in unserem bisherigen Beziehungsleben immer wieder auffrischen,**

• **wenn wir bewusst Schönes und Abwechslung gegen die Monotonie planen und auch durchführen,**

• **wenn wir in jeder Lebensphase bewusst gemeinsame Visionen entwickeln, um motivierende Perspektiven für die Zukunft zu erarbeiten,**

• **wenn wir gemeinsame Rituale pflegen und diese neu beleben ...**

2.1 Rück-Blick auf unser Kennenlernen und den Beginn der Beziehung

1. Wie kam es zu unserem Kennenlernen und wo fand es statt?

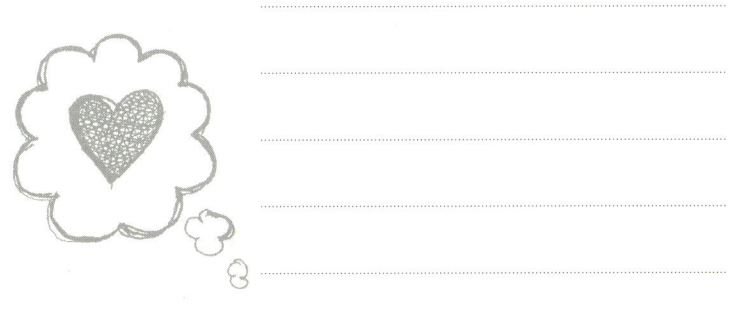

2. Was war einer meiner ersten Gedanken/Eindrücke, als ich dich sah?

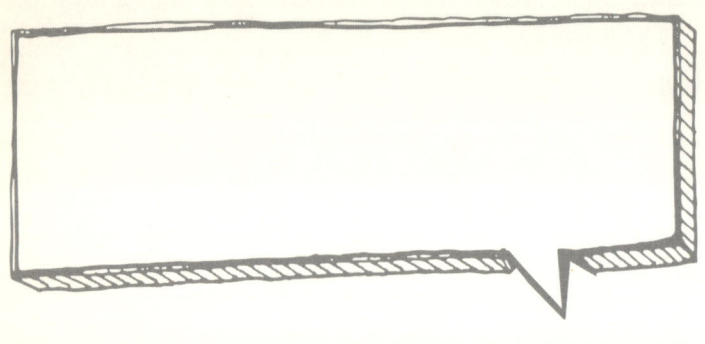

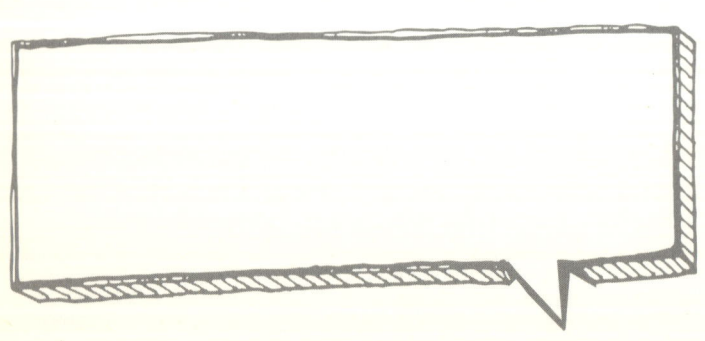

3. Was war das Erste, das ich zu dir sagte; was war das Erste, das du zu mir sagtest?

4. Wo gaben wir uns den ersten Kuss und wie war die Situation?

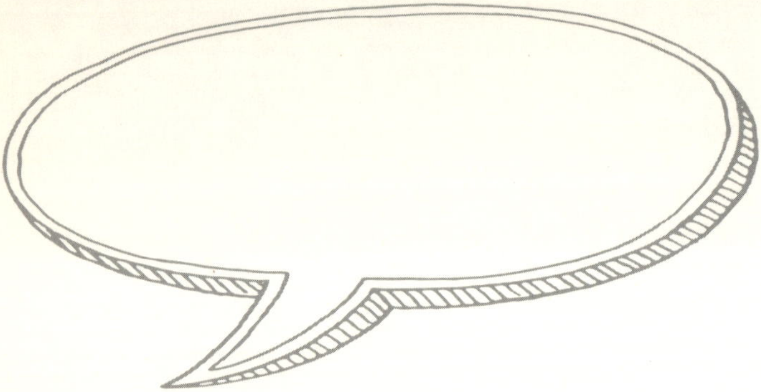

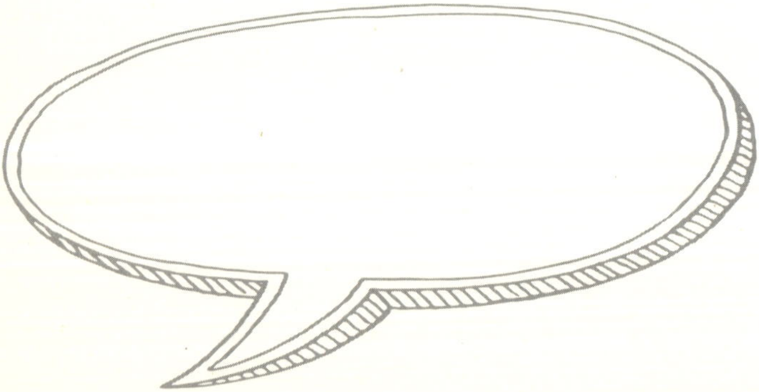

5. Wie lange dauerte es, bis wir zusammenkamen –
und ab wann wussten wir beide, dass wir fortan
ein Paar sind?

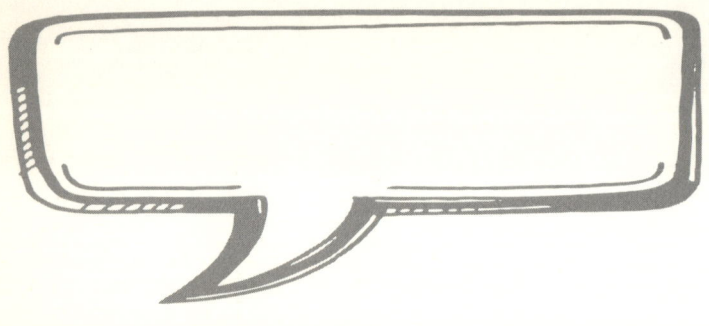

6. Wie war die erste Zeit unseres Verliebtseins und an welches Date mit dir erinnere ich mich besonders?

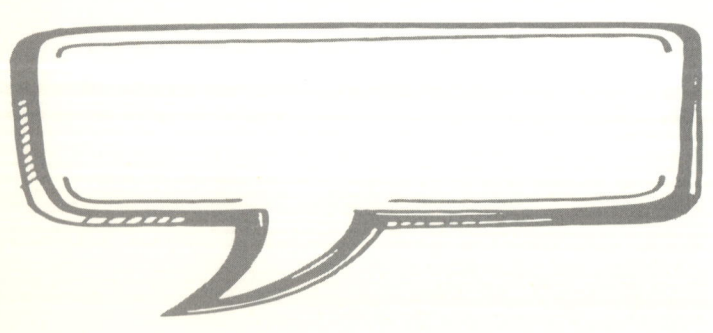

7. Welche Erinnerung habe ich an deine Kleidung und die Art, wie du dich ausgedrückt hast?

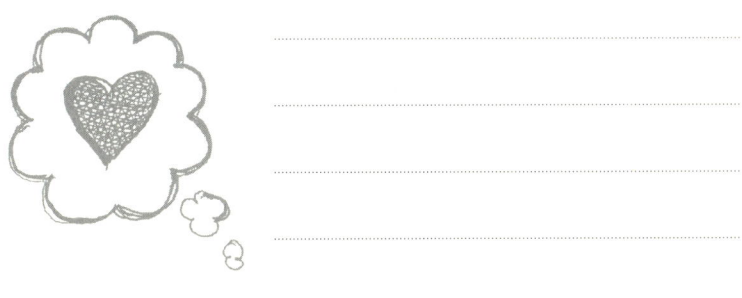

8. Was war wohl entscheidend dafür, dass mehr als nur eine kurze Affäre aus uns wurde?

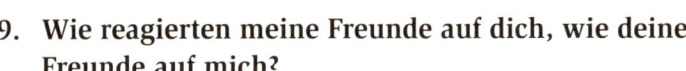

9. Wie reagierten meine Freunde auf dich, wie deine Freunde auf mich?

10. Was war unser erster gemeinsamer Ausflug, welches die erste Reise?

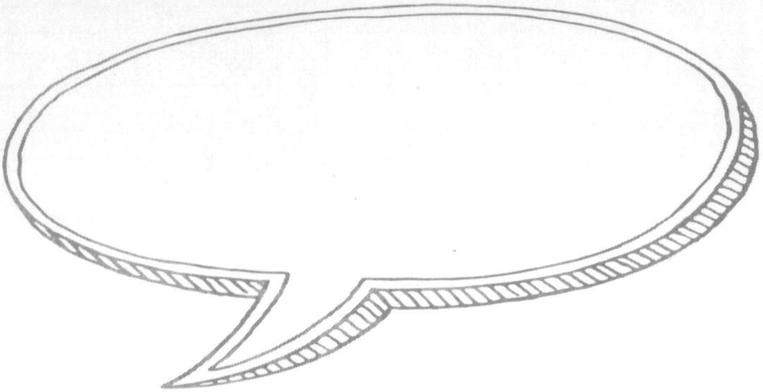

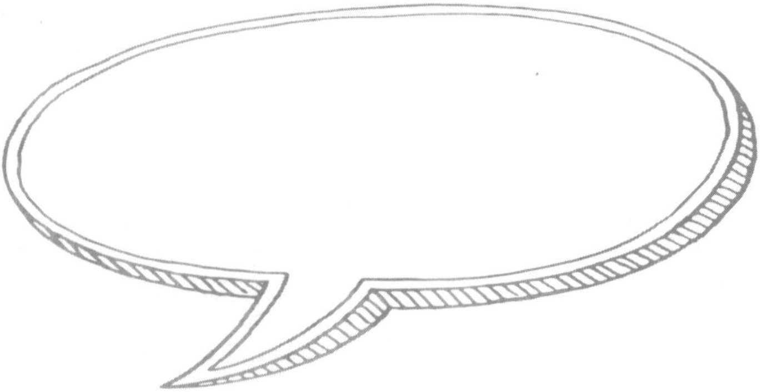

11. Welche Verhaltensweisen und Lebenseinstellungen fielen mir damals an dir auf?

12. Welche deiner Schwächen hast du und welche meiner Schwächen habe ich anfangs zu verbergen versucht?

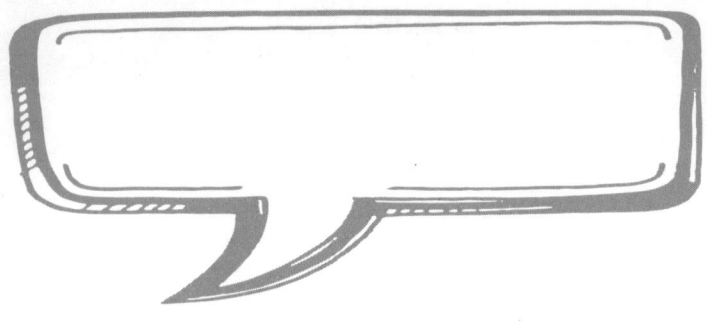

13. Wie wichtig waren Sexualität und Erotik in der Anfangsphase unserer Beziehung und waren diese Themen eher positiv besetzt oder eher schwierig (für mich/dich/uns als Paar)?

für mich

für dich

für uns

für mich

für dich

für uns

14. Was war schön, was war besonders schwierig, als
wir zusammengezogen sind? Oder warum sind
wir (noch) nicht zusammengezogen?

2.2 Ein-Blick in und auf unsere Familien

15. Wie war die Situation, als wir uns gegenseitig unseren Eltern vorstellten? Oder was bedeutet es für unsere Beziehung, dass dies (noch) nicht möglich war?

16. Was empfindest du, was empfinde ich im Umgang mit unseren Eltern als schwierig?

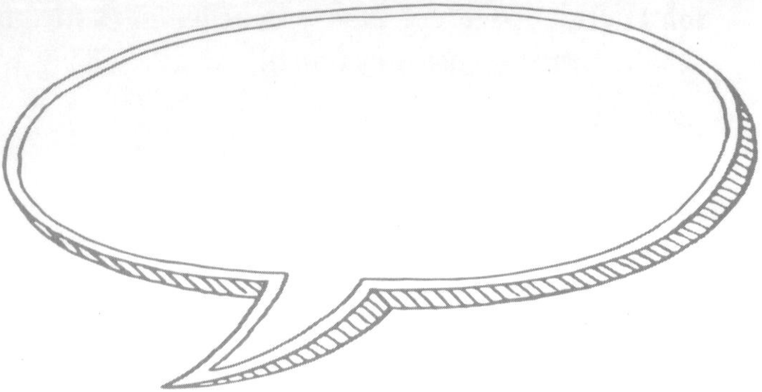

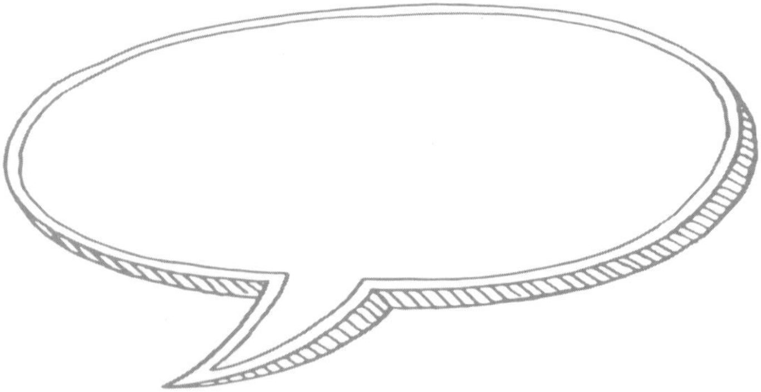

17. Was schätzen/schätzten wir an unseren Eltern? Oder welche Eigenschaften würde ich mir bei ihnen wünschen, wenn ich sie kennenlernen könnte?

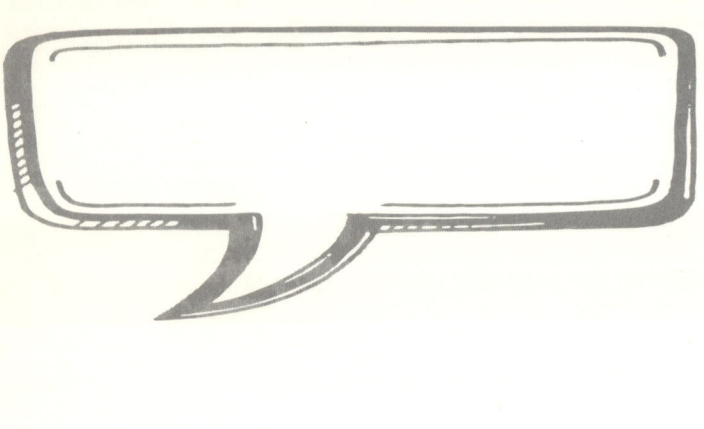

18. Welchen Eindruck hatte meine/deine Familie von uns als Paar nach unserem ersten gemeinsamen Besuch bei ihnen und welche Prognose gaben/geben sie zu unserer Partnerschaft ab? Oder welche Prognose würde unsere Familie wohl abgeben?

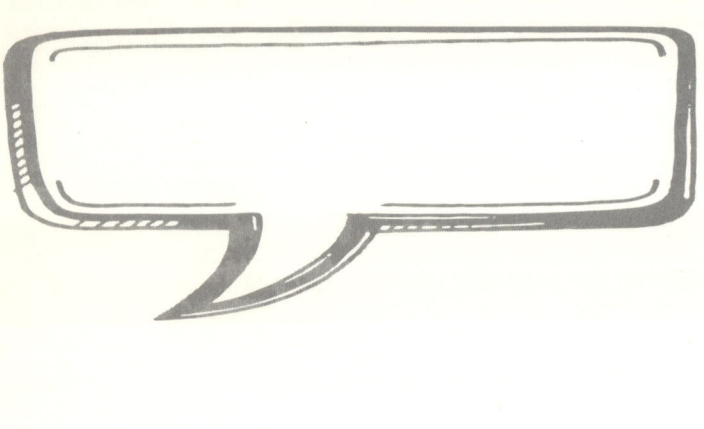

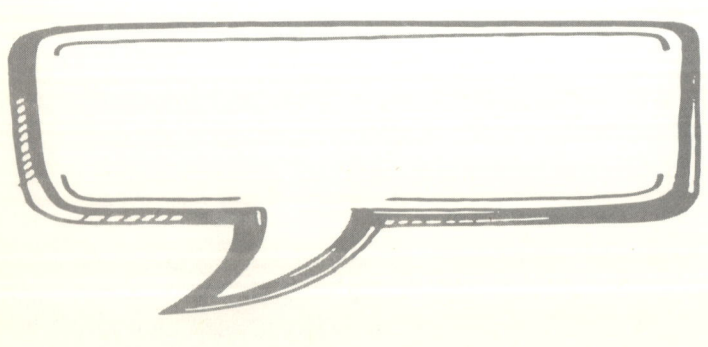

19. Worin bin ich meiner Mutter ähnlich, worin meinem Vater?

20. Worin bist du deiner Mutter ähnlich, worin deinem Vater?

21. Was verbindet uns mit unseren Eltern und Groß-eltern?

22. Welche Rolle spielen meine Geschwister für mich und uns? Oder was bedeutet es für unsere Partnerschaft und mich, dass ich keine Geschwister habe?

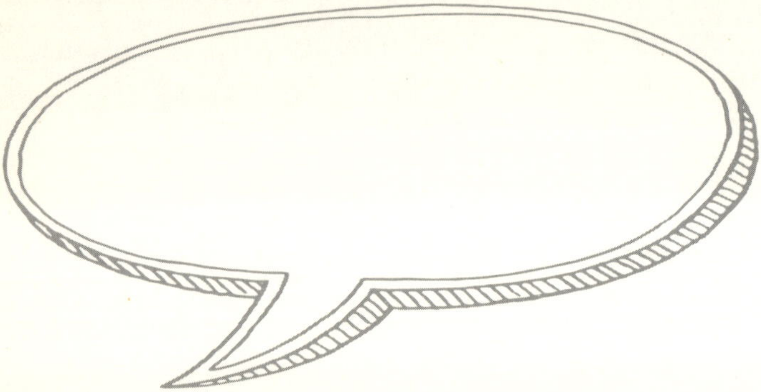

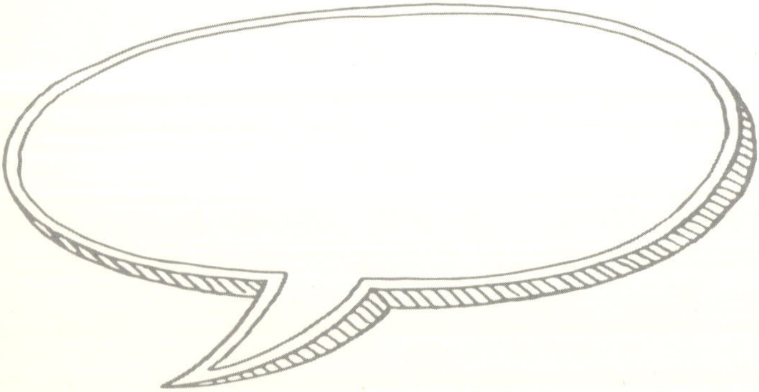

23. Welche Rolle spielen deine Geschwister für mich? Oder was bedeutet es für mich und unsere Partnerschaft, dass du keine Geschwister hast?

2.3 Blick-Wechsel von der Vergangenheit in die Gegenwart

24. Was mochten wir schon zu Beginn aneinander?

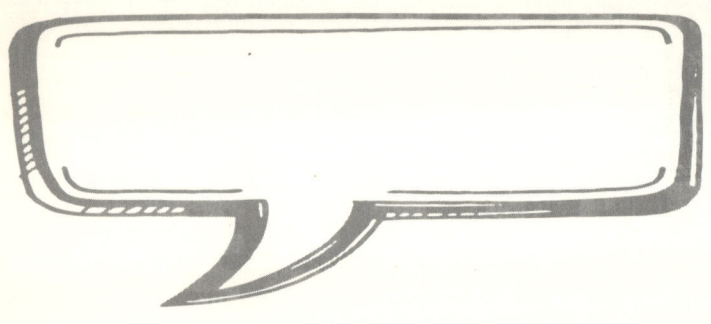

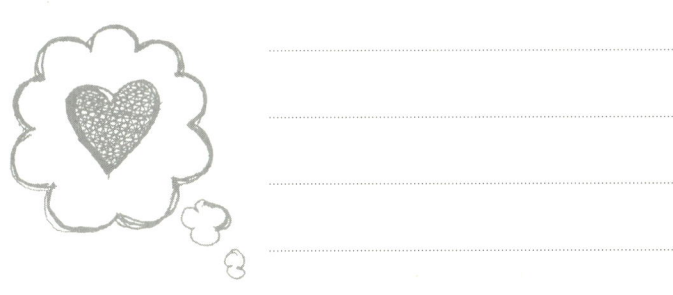

**25. Was mochten wir zu Beginn nicht so sehr anein-
ander?**

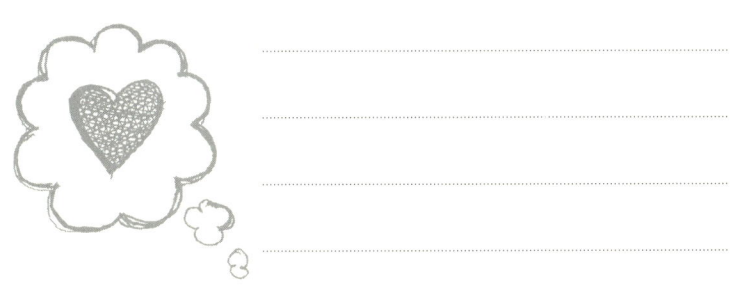

26. Was ist bis heute daraus geworden (Fragen 24 und 25)?

27. Nicht nur zum Schmunzeln, aber auch: »Wer hatte die Hosen an?« Oder deutlicher: Wer von uns beiden dominierte in der Anfangsphase unserer Beziehung welche Lebensbereiche?

28. Wer hat heute in welchen Lebensbereichen bei uns »das Sagen«?

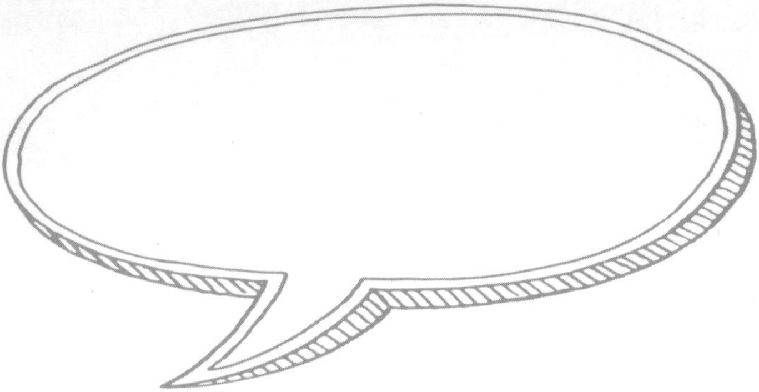

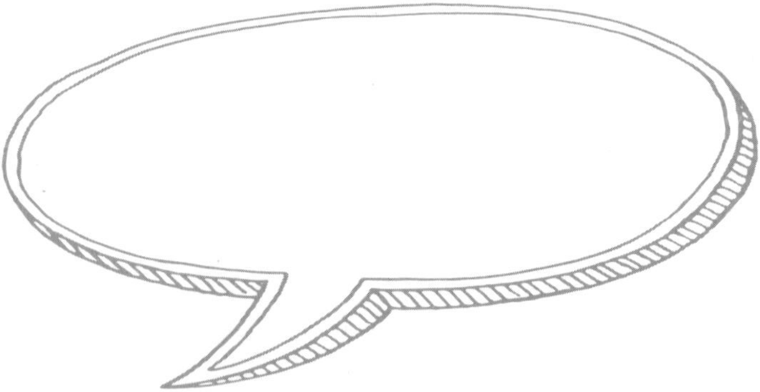

29. Was hat sich grundsätzlich anders entwickelt, als ich es zu Beginn unserer Partnerschaft erwartet hätte?

30. Was war eine der ersten positiven Überraschungen/Entwicklungen in unserer Partnerschaft?

31. Wie kann ich deinen Humor beschreiben und was daran mag ich besonders?

32. Was würde ich aus unserer Anfangszeit grundsätzlich gerne wiederbeleben?

33. Was war ein besonders lustiges Erlebnis in unserer Partnerschaft?

34. Worüber gerieten wir das erste Mal in Streit? Gibt es heute noch Auseinandersetzungen über dieses Thema?

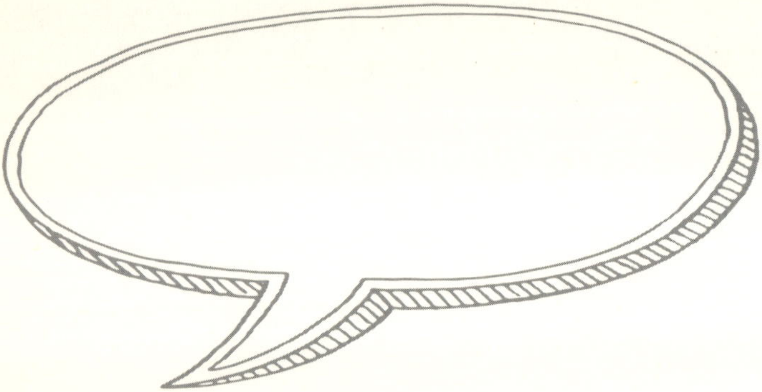

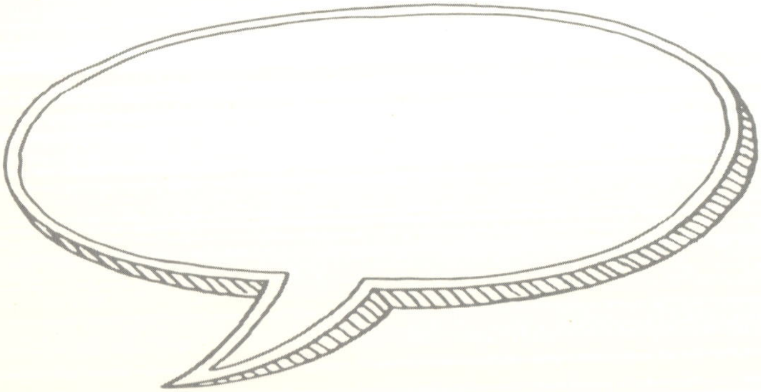

35. Zu welchen Zeiten zweifelte/zweifle ich an unserer Beziehung und was gab/gibt es daraus zu lernen?

36. Welche deiner Eigenschaften hat mich besonders geprägt?

37. Welche Rituale sind uns beiden besonders wichtig?

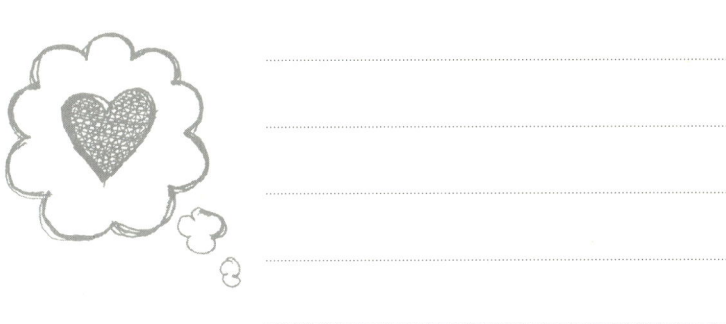

38. Welche Orte sind uns beiden besonders wichtig?

39. Wobei und wie können wir zusammen gut entspannen und Kraft schöpfen?

40. Wie haben sich unsere Sexualität und Erotik bis heute verändert und was wünsche ich mir diesbezüglich für die Zukunft?

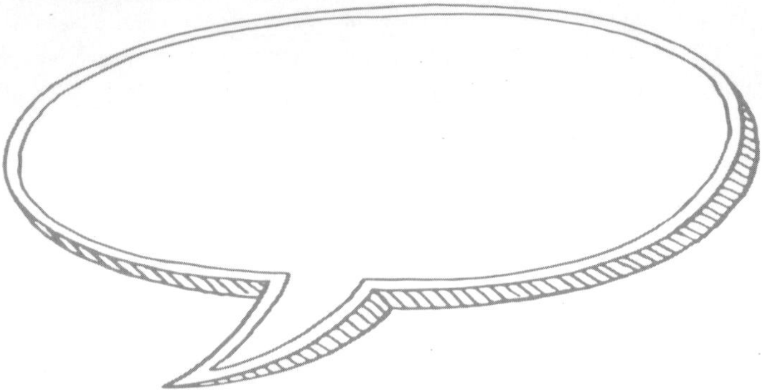

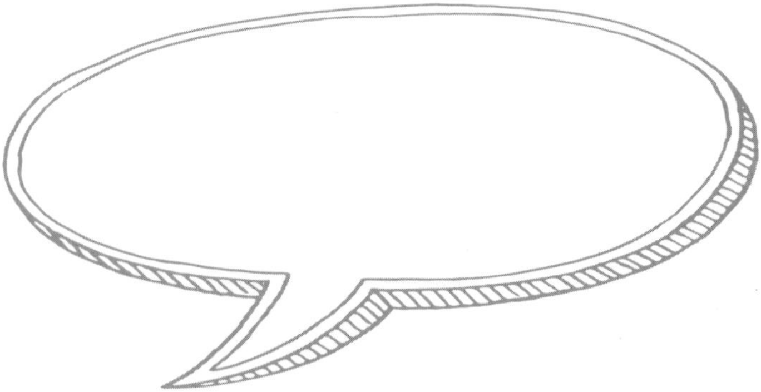

41. Welches war unsere schönste Reise oder unser schönster Urlaub und warum?

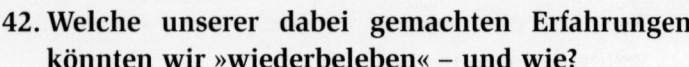

42. Welche unserer dabei gemachten Erfahrungen könnten wir »wiederbeleben« – und wie?

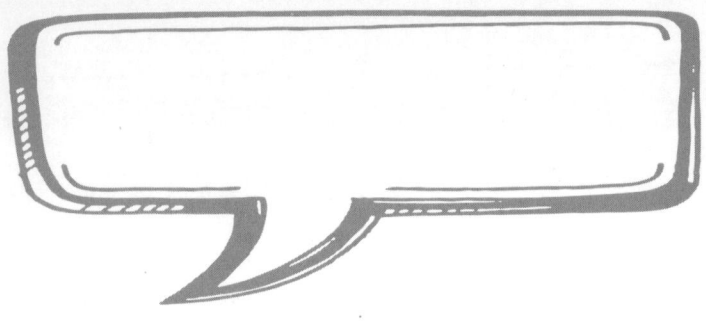

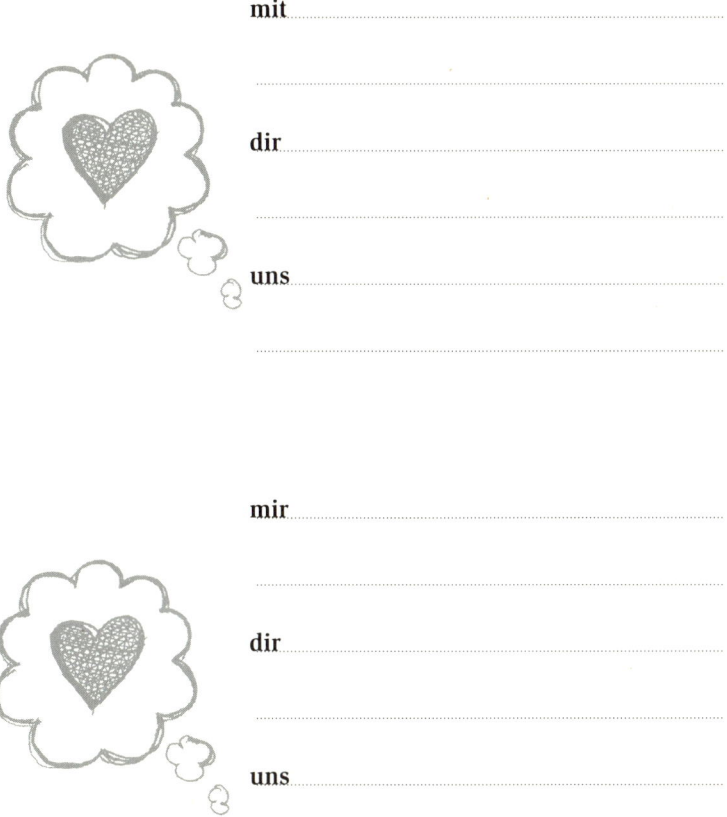

43. Was war ein besonderer Erfolg von mir/dir/uns, seit wir ein Paar sind?

mit

dir

uns

mir

dir

uns

44. Was war ein großer Verlust in meinem Leben, seit wir ein Paar sind?

45. Was waren unsere besten Investitionen, seit wir ein Paar sind (generell, nicht nur finanziell)?

46. Was waren unsere größten Fehlinvestitionen, seit wir ein Paar sind (generell, nicht nur finanziell)?

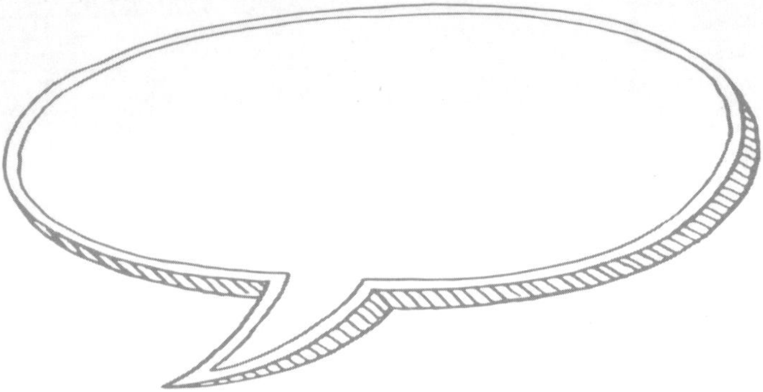

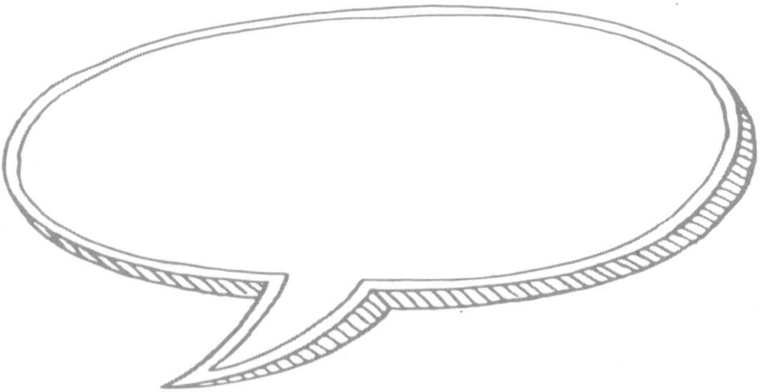

47. Wenn ich auf mein bisheriges Leben blicke, was waren/sind besonders große Sorgen und Ängste für mich?

48. Wenn ich auf dein bisheriges Leben blicke, was waren/sind besonders große Sorgen und Ängste für dich?

49. In welcher Phase unseres Lebens habe ich mir
Sorgen um dich gemacht – und was habe ich daraus gelernt?

50. Wie hat sich im Verlauf unserer Beziehung unsere Liebe verändert?

51. Welche Freunde/Bekannte begleiteten uns in der Anfangszeit? Was ist aus diesen Freundschaften geworden und warum haben sie bis heute Bestand oder nicht?

52. Welche Menschen haben unser Leben besonders geprägt oder sind für uns beide eine Bereicherung (gewesen) – und warum?

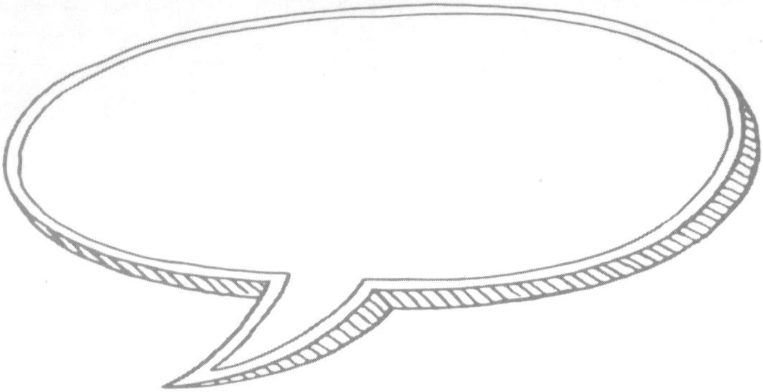

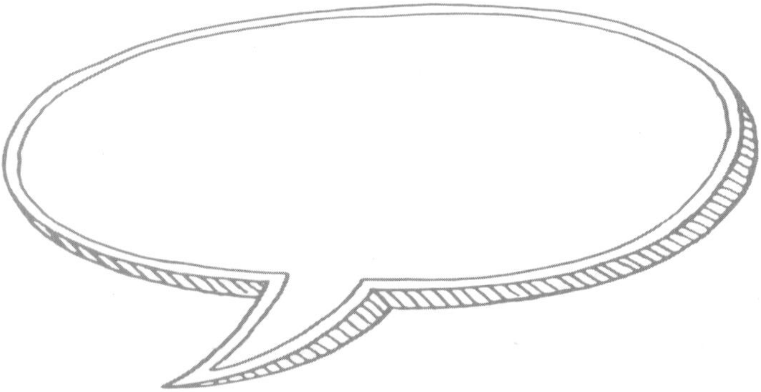

53. Welche Menschen sind für unsere Beziehung eine Belastung (gewesen) – und warum?

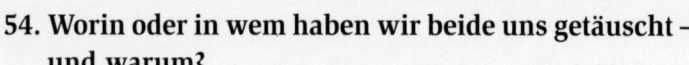

54. Worin oder in wem haben wir beide uns getäuscht – und warum?

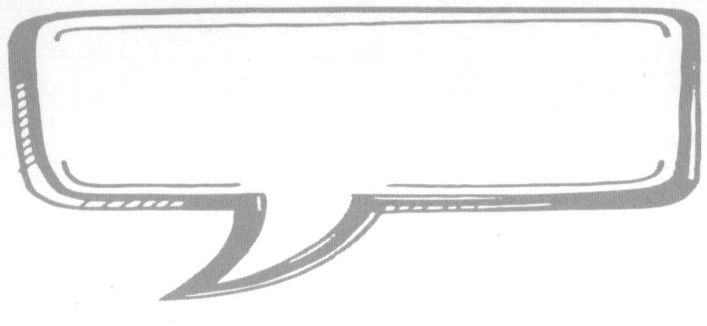

55. Welche Freunde von dir mag ich besonders – und warum?

56. Mit wem aus deinem Freundeskreis hatte/habe ich Probleme – und warum?

57. Welche drei Dinge/Fertigkeiten beherrschst du besser als ich?

58. In welchen drei Dingen/Fertigkeiten ergänzen wir uns besonders gut?

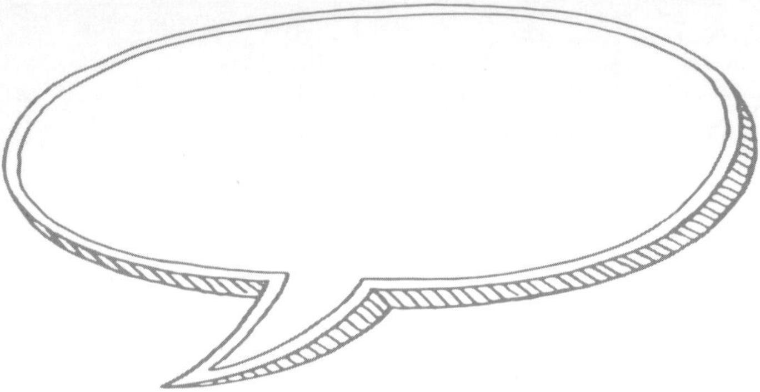

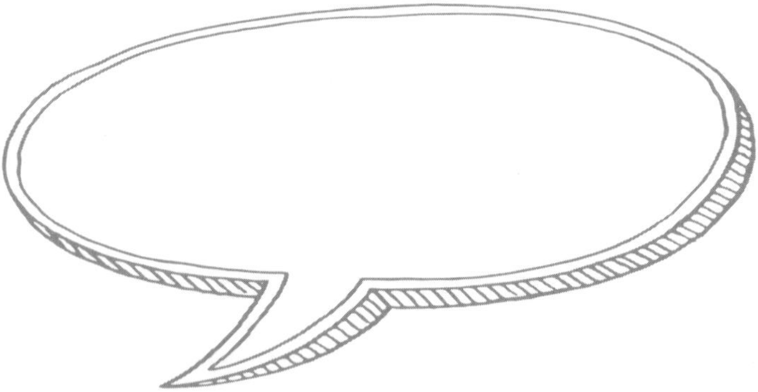

59. Worin ergänzen wir uns nicht so gut?

2.4 Aus-Blicke von der Gegenwart in die Zukunft

60. Was sind fünf große Stärken unserer Beziehung, von denen wir in unserer gemeinsamen Zukunft profitieren könnten – und warum?

61. Was ist der größte Beziehungskiller für uns – und was können wir dagegen tun?

62. Was ist ein positives Rezept/Geheimnis unserer Beziehung?

63. Was ist meine »Philosophie«, weshalb unsere Liebe und Beziehung über die Jahre überhaupt halten und sich angemessen verändern konnten?

64. In welchen Situationen fühle ich mich dir besonders verbunden und bin bei dir geborgen?

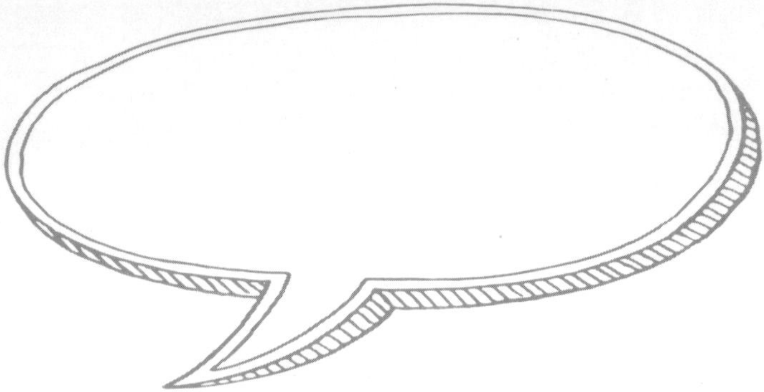

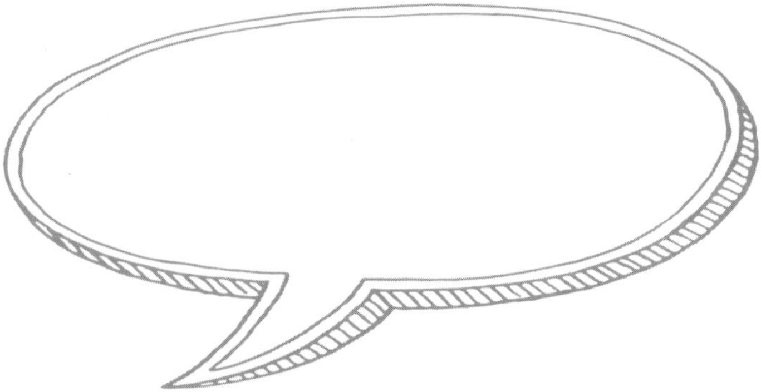

**65. Wie würdest du unser gegenseitiges Vertrauen be-
schreiben – und was ist Gift dafür?**

66. Was war/ist die größte Krise unseres gemeinsamen Lebens – und wie kam es dazu?

....

....

....

....

....

....

....

....

....

....

....

67. Wie haben wir sie überstanden? Oder was bräuchtest du/was bräuchte ich grundsätzlich, damit wir sie überstehen können?

68. Was haben wir aus unseren bisherigen Krisen ge-
lernt?

69. Was bedeutet es aus meiner Sicht für dich, dass wir (keine) Kinder haben?

70. Was bedeutet es mir, dass wir (keine) Kinder haben?

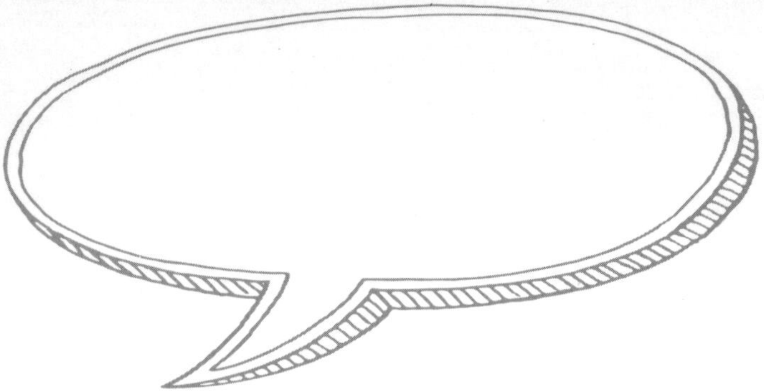

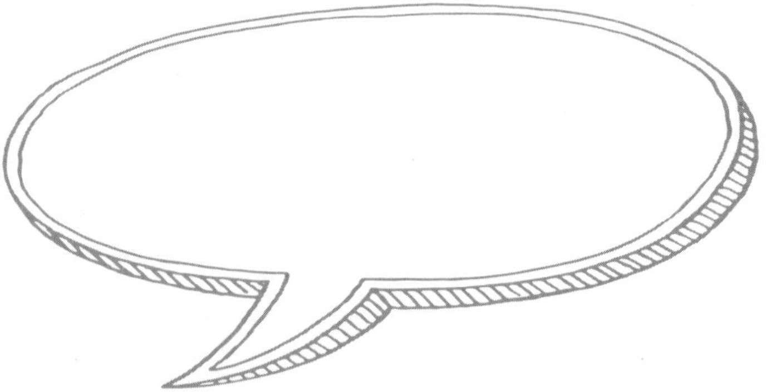

71. Wurde unsere Beziehung durch die Tatsache, dass wir (keine) Kinder haben, besser oder schwieriger, was hat sich dadurch verändert – und was können die Vorteile daraus für uns sein?

72. Was wäre unsere wichtigste Aufgabe, wenn unsere Beziehung stark werden/bleiben soll, weil wir (keine) Kinder haben?

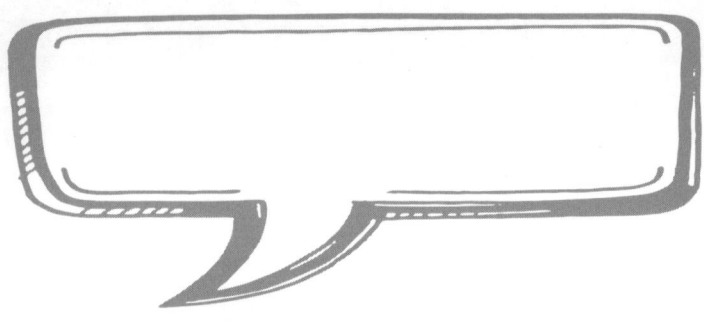

73. Was schätze ich an unserer Kommunikation be-
sonders?

74. Was wünsche ich mir für unsere Kommunikation oder was würde ich an ihr gerne ändern?

75. Wofür in unserem Leben haben wir besonders viel Energie aufgewendet?

76. Was ist/war die Konsequenz daraus – und welche daraus gewonnene Erkenntnis sollten wir uns immer wieder bewusst machen?

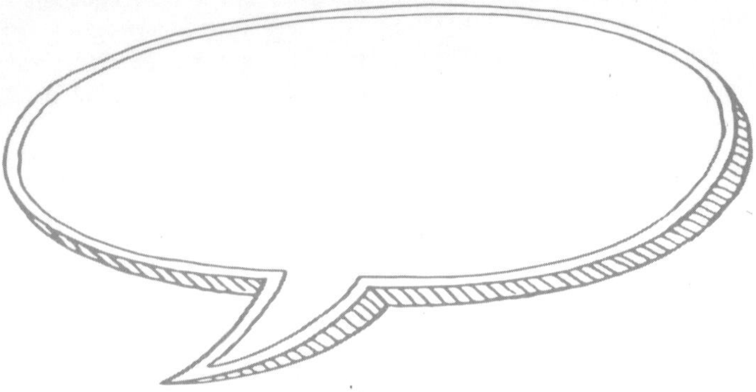

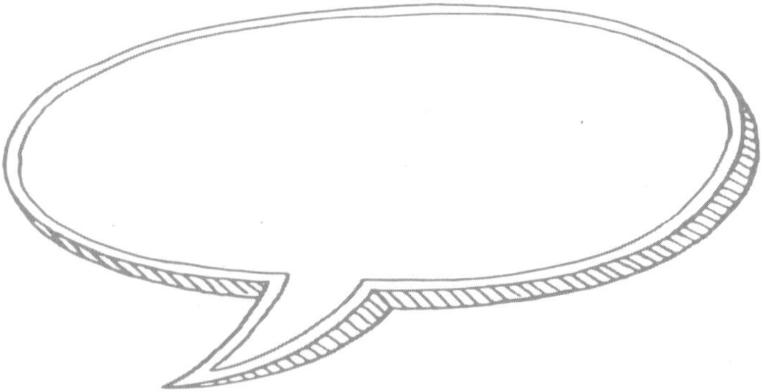

77. Was sind derzeit unsere großen Ziele? Oder wenn wir kaum gemeinsame Ziele haben: Was ist zurzeit mein/dein großer Traum in Bezug auf mich/dich/uns?

78. Welche Hoffnungen habe ich derzeit in Bezug auf dich und was wünsche ich mir von dir?

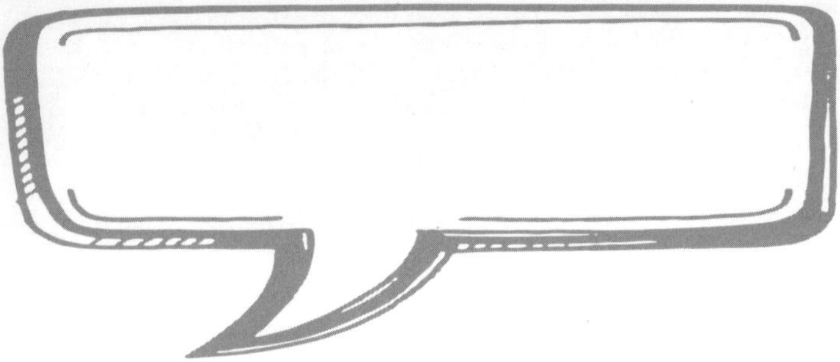

79. Welche Hoffnungen/Erwartungen hegst du zur-zeit wohl besonders in Bezug auf mich?

80. Womit kann ich dich positiv überraschen?

81. Was ist meine große Hoffnung und Sehnsucht für unsere nächsten fünf Jahre?

82. Wie würde ich mir unsere Beziehung wünschen, wenn wir beide alt sind?

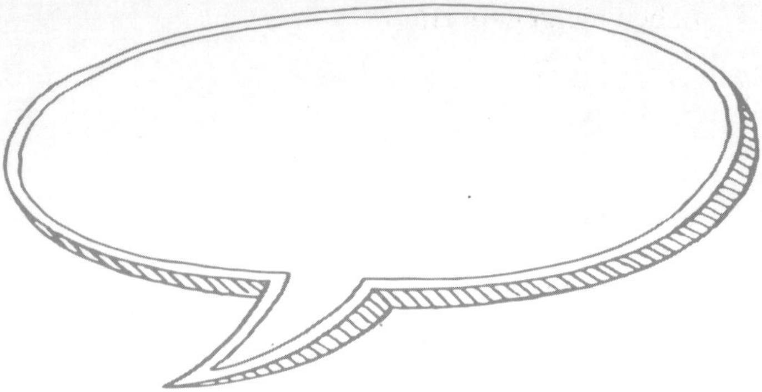

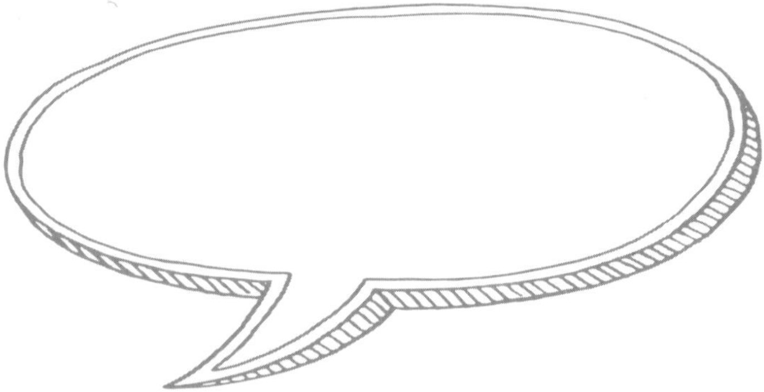

83. Wenn ich unsere Partnerschaft symbolisch in vier Zeitphasen einteile, welche Überschriften würden die einzelnen Abschnitte tragen – und wie lange haben sie gedauert?

2.5 Ein neugieriger Blick über den Tellerrand des Lebens

84. Was ist meiner Ansicht nach die Kraft, »die die Welt im Innersten zusammenhält« – oder ist alles Zufall?

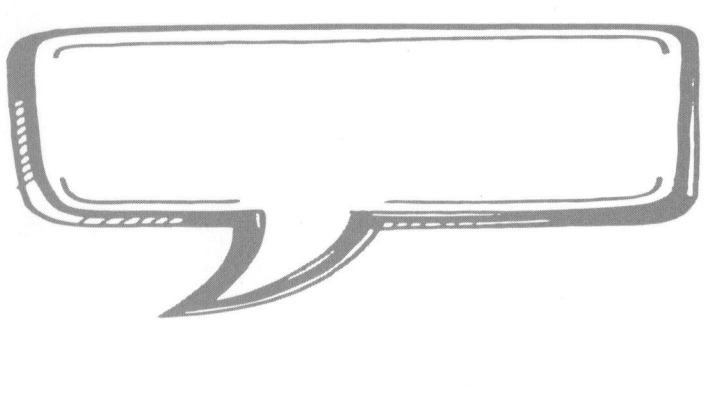

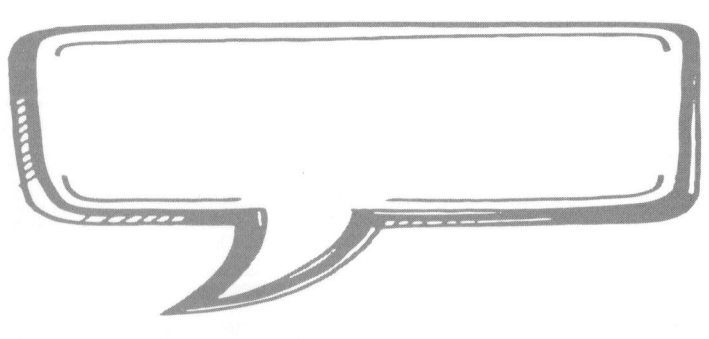

85. Was bedeutet Religiosität oder nicht religiös zu sein, für mein Leben und unsere Partnerschaft?

86. Welcher Glaube (welche Kraft/Hoffnung/Energie) stärkt unser Leben?

87. Welche Weltanschauungen und Werte verbinden uns?

88. Welche Weltanschauungen und Werte unterscheiden uns?

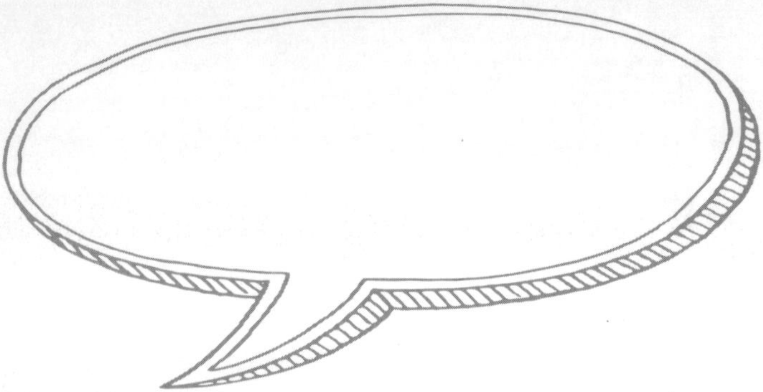

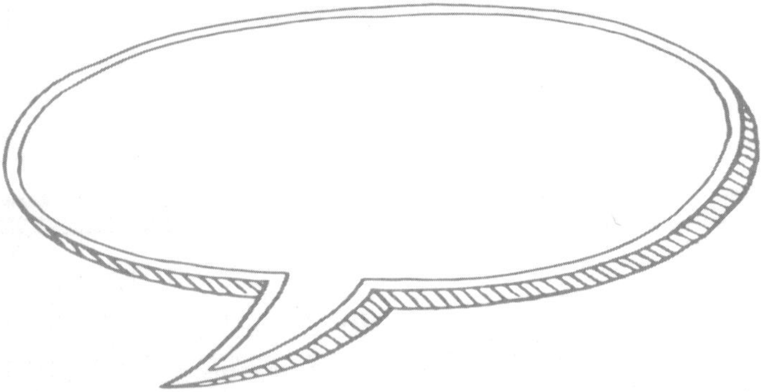

89. Welche übereinstimmenden Vorstellungen haben wir von einer erfüllenden Partnerschaft?

90. Welche Form von Freiheit ist für mich in meiner Partnerschaft besonders wichtig?

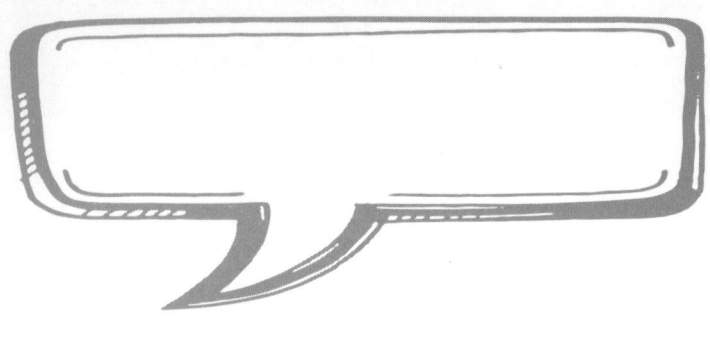

91. Wie könnte eine wichtige Lehre des Lebens aus meiner Sicht lauten? Wie könnte eine wichtige Lehre des Lebens für uns beide lauten?

2.6 Über-Blicke: die wesentlichen Dinge des Lebens

Die folgenden Fragen mögen zunächst vielleicht als »schwere Kost« erscheinen, doch in der Auseinandersetzung mit ihnen steckt eine einzigartige Kraft. Sie sind mehr als ein »Vermächtnis« und können Gegenwart und Zukunft enorm bereichern. Auch sie sind in ganz eigener Weise ein Blick »zurück nach vorn«.

92. Was wäre ein wichtiger Satz, den du von mir vor-
finden solltest, wenn wir uns überraschend nie
mehr wiedersehen würden?

93. Was wünsche ich mir für dich, sollte ich vor dir sterben?

94. Was sollten spätere Generationen über uns beide einmal sagen?

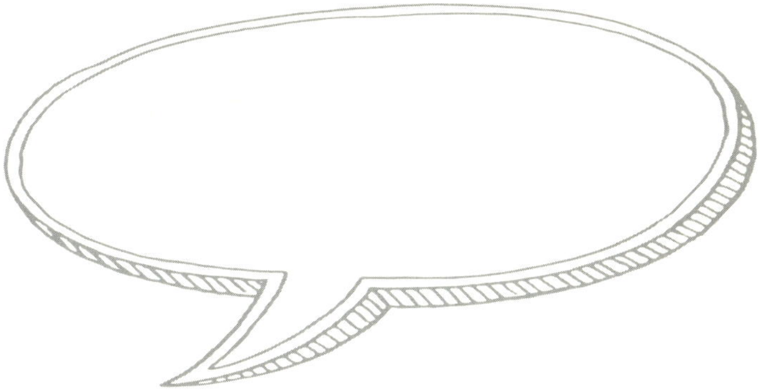

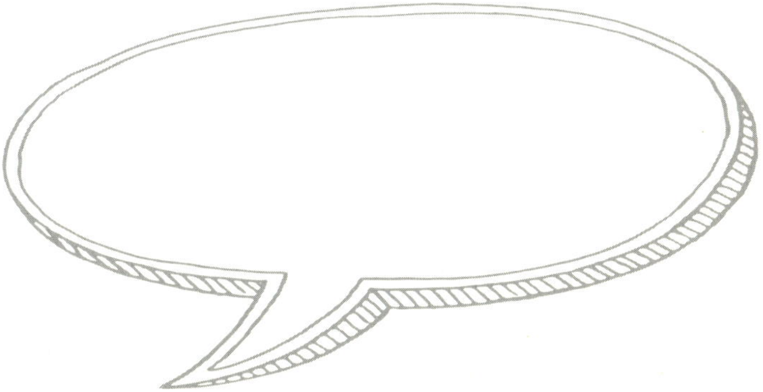

2.7 Besondere Augen-Blicke für unsere Partnerschaft

95. Welche drei besonders bereichernden Erlebnisse waren mir und dir im Lauf unseres Beziehungslebens vergönnt?

**96. Welche Situation oder Erfahrung in meinem Le-
ben würde ich gerne im Rückblick ungeschehen
machen oder ändern?**

97. Auf welche Situation oder Erfahrung in meinem Leben möchte ich im Rückblick auf keinen Fall verzichten?

98. Wofür in meinem Leben bin ich (dir) besonders
dankbar?

99. Was wollte ich dir schon immer mal sagen?

**100. Was ist die wichtigste Frage unseres Beziehungs-
lebens?**

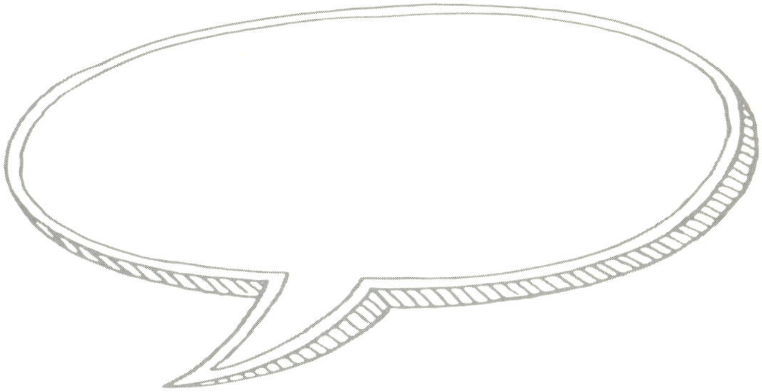

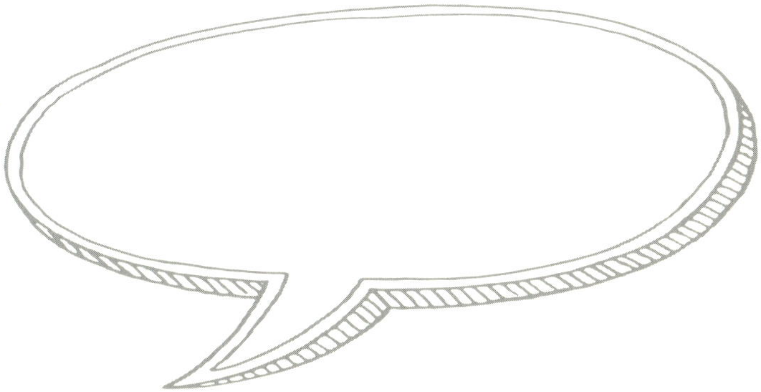

Meine ganz persönlichen »Joker-Fragen«, die zu den 100 Fragen hinzukommen sollen:

1.

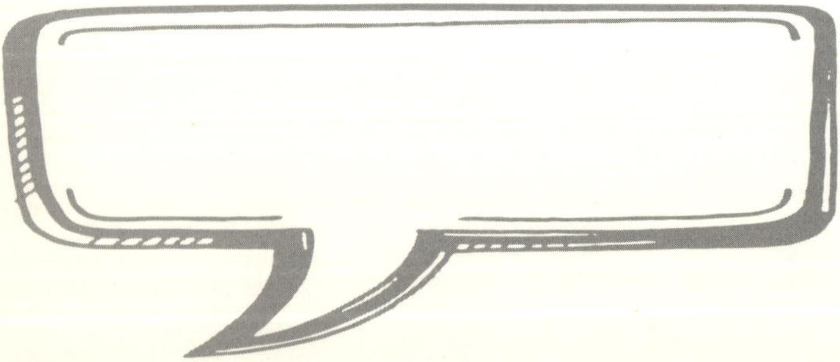

2.

3.

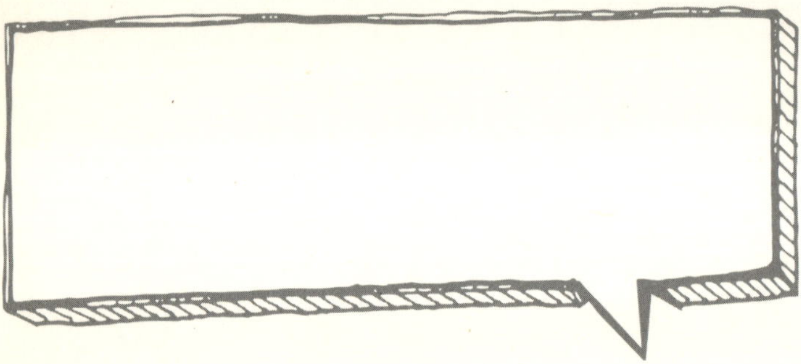

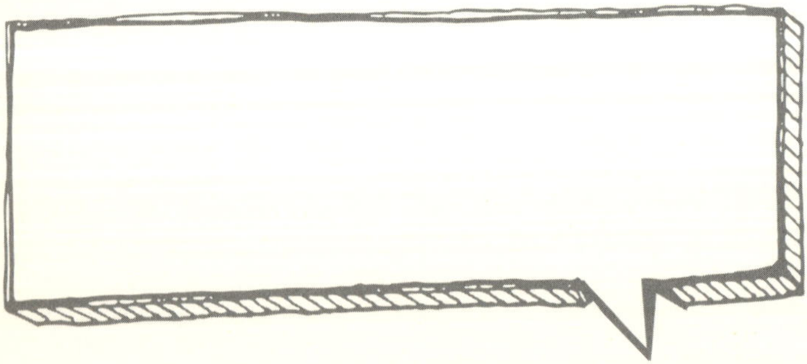

4.

5.

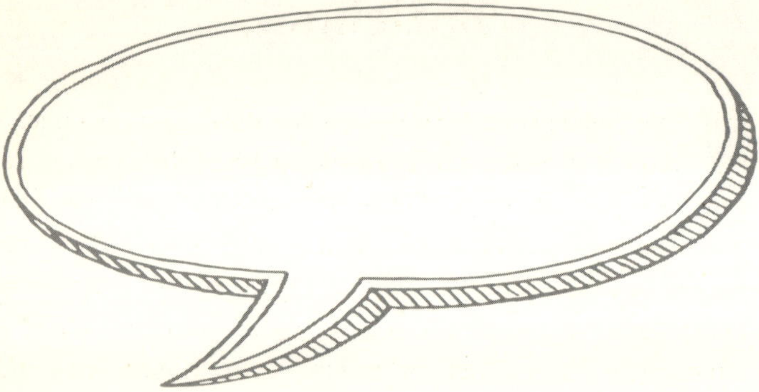

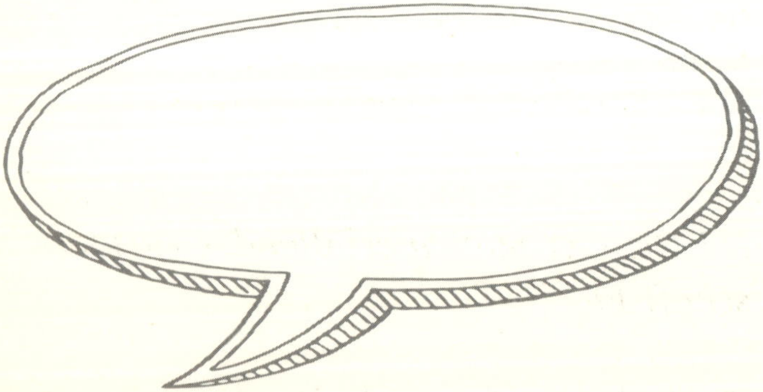

3. Die vier Säulen erfüllender Partnerschaft und entscheidende Veränderungen im Verlauf der Beziehung

In diesem Kapitel können Sie die aus den 100 Fragen gewonnenen Erkenntnisse in Bezug auf Ihre persönlichen Lebensphasen vertiefen. Die vier Säulen erfüllender Partnerschaft sowie der Überblick über die entscheidenden Veränderungen im Verlauf einer Beziehung bieten dabei wichtige Orientierungspunkte. Weiterführende Fragen greifen die bisher gegebenen Antworten auf und eröffnen einen Weg, die erlangten Einsichten zu nutzen. Sie helfen, die Antworten auf die Dinge hin zuzuspitzen, die künftig dazu beitragen sollen, die Partnerschaft entscheidend zu verbessern. Die wirksamste Strategie für die Beziehungsrettung kann niemand außer Ihnen selbst in Zusammenarbeit mit Ihrem Partner/Ihrer Partnerin entwickeln. Dieses Kapitel bietet Ihnen grundsätzliche Anregungen, um die Weichen neu zu stellen – das konkrete Vorgehen ergibt sich dann (fast) von allein ...

3.1 Die vier Säulen erfüllender Partnerschaft/Ehe

Für die erfüllende Gestaltung des Zusammenseins gibt es zunächst einmal so viele Möglichkeiten, wie es Paare gibt. Dennoch gelten einige Rahmenbedingungen, die es wahrscheinlich machen, dass eine Beziehung als bereichernd oder als belastend empfunden wird.[4] Diese Voraussetzungen werden durch die »vier Säulen (plus X)« konkret beschrieben. Werden eine oder mehrere Säulen über lange Zeit von einem Partner oder beiden nicht als zufriedenstellend erlebt, belastet das die Beziehung existenziell. Alle Säulen verändern sich im Lauf des Beziehungslebens – und es ist völlig normal, dass eine der Säulen auch über Jahre hinweg größeren oder auch geringeren Stellenwert besitzt. Schwierigkeiten treten meist dann auf, wenn die Erwartungen und Bedürfnisse der Partner lange Zeit sehr unterschiedlich sind. Prinzipiell lassen sich jedoch alle wichtigen Aspekte durch Geduld, harte Arbeit und Kreativität immer wieder neu beleben – selbst in Krisenzeiten. Wichtig ist dabei zu begreifen: Leben ist Veränderung. Wer allein das Gewohnte aufrechterhalten möchte oder ohne Rücksicht auf Verluste die Aufgabe alles Bisherigen wünscht, der wird nur schwer gemeinsam neue Wege gehen können. Das Vertraute bietet der Partnerschaft Halt. Vertrautheit zählt zu den wichtigsten Fundamenten, auf denen die Beziehung steht. Veränderung und Aufbruch dagegen sind Garanten für Weiterentwicklung und Lebendigkeit. Erst das ausgewogene Zusammenwirken beider Faktoren macht eine Partnerschaft stabil, krisen- und zukunftsfähig. Gemeinsame Werte, die gemeinsame Geschichte, das gemeinsam Erreichte und das gemeinsam Verlorene sind dabei wichtige Grundpfeiler.

Die erste Säule …
… bilden die Liebe und emotionale Verbundenheit der Partner. Ein Grundsatz, der sowohl für diese wie auch die folgenden Säulen von zentraler Bedeutung ist, lautet: »Mir kann es nicht gut gehen, wenn ich weiß, dass es dir schlecht geht.«

Die zweite Säule …
… bilden die Geborgenheit und das Vertrauen, die sich das Paar im Laufe der Zeit erarbeitet hat und immer wieder neu schenkt. Damit ist auch ein »Sich-beieinander-fallen-lassen-Können« gemeint.

Die dritte Säule …
… bildet eine erfüllende Sexualität. Diese Säule ist im Vergleich zu den anderen größeren Schwankungen im Verlauf der Beziehung unterworfen. Eine besondere Herausforderung entsteht dadurch, dass die Partner Veränderungen der Bedürfnisse selten in gleicher Weise und Intensität erleben. Nur GEMEINSAM können Sie definieren, was Sie brauchen, was die erfüllende Sexualität langfristig ausmacht – und wie sie sich gegebenenfalls verändern soll. Dabei darf darauf vertraut werden, dass ganzheitliche Erotik viel mehr ist als Sex. Insbesondere die Erotik kann bei den meisten Paaren auch nach langen Durststrecken immer wieder neu aufleben, wenn eine belastende Lebensphase überstanden ist. Übrigens zeigen viele Untersuchungen, dass erfüllende Sexualität vor allem eine Frage der Qualität ist, nicht unbedingt der Häufigkeit!

Die vierte Säule …
… ist die wichtigste Dimension, von der alle anderen Grundpfeiler abhängen: die gelingende Kommunikation der Partner. Der Austausch von Gedanken, Gefühlen und Erlebnissen kann verbal, aber auch nonverbal durch Gesten, Mimik und kleine Zeichen erfolgen. Die gelingende Kommunikation immer wieder zu beleben und neu zu erringen ist die wichtigste Basis einer erfüllenden Partnerschaft, denn durch sie können alle anderen Aspekte verändert werden.

Partnerschaften scheitern (auch) wegen negativer Kommunikation!

Beziehungen zerbrechen fast immer an einer ungünstigen Kombination dieser vier Säulen. Das zeigt sich vor allem in der fehlenden Fähigkeit, gemeinsam Konflikte zu lösen, Kompromisse zu finden und Perspektiven zu entwickeln, sowie in einem unzulänglichen Stressmanagement im Alltag. Dahinter steht eine ungenügende Kommunikation miteinander, die es unter anderem verhindert, Wünsche und Notwendigkeiten in angemessener Form auszutauschen. Streit ist nicht von Haus aus schlecht oder gar schon ein »Beziehungskiller«. Bleiben gewisse Regeln des Respekts berücksichtigt, ist er vielmehr ein Ringen umeinander. Wenn Meinungsverschiedenheiten jedoch immer wieder destruktiv und verletzend ausgetragen werden, wirkt das auf Dauer zermürbend.

> **Beziehungen halten respektvollen Streit aus, Gleichgültigkeit und lähmendes Schweigen verkraften sie dagegen langfristig nicht!**

Der amerikanische Paarforscher John Gottman beschrieb besonders problematische Formen negativer Kommunikation, die er an zahlreichen Paaren untersuchte. Diese Ausprägungen belasten auf Dauer die Beziehung fundamental und lassen die Partner hilflos werden, wenn nicht gegengesteuert wird:

• **Defensive Kommunikation**

Der/die defensiv Kommunizierende zieht sich grundsätzlich auf den eigenen Standpunkt zurück, ohne die Sichtweise des Gegenübers zur Kenntnis zu nehmen oder verstehen zu wollen.

• **Verächtliche Kommunikation**

Diese Form zeichnet sich durch Respektlosigkeit und fehlende Achtung vor dem anderen aus. Sie beinhaltet sarkastische und zynische Reaktionen, feindseligen Humor oder die Neigung, sich über den Partner lustig zu machen.

• **Dominante Kommunikation**

Der/die Dominante versucht in der Auseinandersetzung, möglichst immer die Oberhand zu behalten und den Partner kleinzuhalten, ohne auf dessen Argumente überhaupt einzugehen. Oft wird die andere Person dabei ausdrücklich abgewertet oder als dümmlich dargestellt.

• **Provokative Kommunikation**

Der Partner/die Partnerin wird gereizt oder bloßgestellt, um seine/ihre Position zu schwächen.

• **Rückzug von der Kommunikation**

Dieser zeichnet sich dadurch aus, dass einer der beiden Partner den Austausch verweigert. Ohne Rückmeldungen zu geben oder auf Gesprächsversuche einzugehen, wird eine grundsätzlich ignorierende Haltung eingenommen. Das Gegenüber wird als beinahe nicht existent behandelt.

Bei all diesen negativen Kommunikationsformen sind nicht nur die Art des Gesprächs, sondern auch die Stimme, die Körperhaltung, die Mimik und die Wortwahl von großer Bedeutung, um den »gewünschten Effekt« zu erzielen. Von außen betrachtet, erscheinen Personen, die diese Verhaltensweisen an den Tag legen, übrigens oft der Situation gegenüber gleichgültig oder sie wirken überlegen. Tatsächlich aber sind sie dabei hochbelastet und angespannt.

Den Teufelskreis der negativen Kommunikation gilt es unbedingt zu unterbrechen, weil dieser sich sonst immer weiter aufstaut und in der gegenseitigen Abkehr voneinander mündet. Zufriedene Paare, so stellte John Gottman fest, lösen Spannungen mit Humor, Zuneigung und Respekt. Die Zufriedenheit in der Partnerschaft steht und fällt mit der Qualität des Austauschs eines Paares. Nicht zuletzt deshalb bietet die folgende Vertiefung der Zwischenbilanz große Chancen für jede Beziehung. Sie hilft dabei, sich über die eigenen Vorstellungen und Wünsche noch klarer zu werden, die des Partners/der Partnerin besser kennenzulernen und sich darüber auszutauschen. Dadurch wird das Finden guter Lösungen für die Bedürfnisse beider Partner – vor allem solcher, die sich an Veränderungen im Leben anpassen lassen – gefördert. Partnerschaft bedeutet, immer wieder neu miteinander anzufangen. Das klingt mühsam, birgt aber großes Potenzial: Jede Lebensphase kann ein Neubeginn sein!

Das »X«: Kompromissfähigkeit und Versöhnungsbereitschaft

Noch ein paar Worte zum »X«, das die vier Säulen ergänzen sollte: Je größer und ausdauernder die Bereitschaft der Partner ist, einander zu verzeihen und sich zu versöhnen, und umso souveräner das Paar im Umgang im Finden von Kompromissen ist, desto wirksamer werden auf Dauer die Grundpfeiler der Beziehung belebt. Und umso mehr kann von einer erfüllenden Beziehung gesprochen werden! Die 100 Fragen waren bereits ein hilfreiches und einfach zu handhabendes Instrument, um die Säulen zu stärken. Die nachfolgenden Fragen zur Vertiefung der Zwischenbilanz können Sie einfach »aus dem Bauch heraus« beantworten, ohne lange darüber nachzudenken. Auch wenn es um große Themen geht, kann es hilfreich sein, keine ausführlichen, sondern knappe Antworten in Stichpunkten zu geben. Auf diese Weise ergeben sich spontan außergewöhnliche Einsichten und Ausblicke.

Wie hat sich unsere Partnerschaft im Lauf der Zeit in Bezug auf die genannten Säulen verändert – und warum?

Liebe und emotionale Verbundenheit

Geborgenheit, Vertrauen und Sich-beieinander-Fallen-lassen-Können

_____
_____
_____

Erfüllende Sexualität

_____
_____
_____

Gelingende Kommunikation

_____
_____
_____

Kompromissfähigkeit, Versöhnungsbereitschaft und Verzeihen

_____
_____
_____

Was sind derzeit meine größten Wünsche in Bezug auf diese Säulen?

_____
_____
_____

Was sind wohl die Wünsche meines Partners/meiner Partnerin hinsichtlich dieser Säulen?

_____
_____
_____

Worin stimmen wir in diesen Säulen besonders überein?

_____
_____
_____

Was sollte sich künftig mit Blick auf diese Säulen unbedingt verändern?

_____
_____
_____

Was sollte mein Partner/meine Partnerin, diese Säulen betreffend, noch von mir wissen?

_____
_____
_____

3.2 Die entscheidenden Veränderungen und Übergänge im Lebenslauf einer Partnerschaft/Ehe

Bilanzen ziehen wir häufig, wenn es um Lebensübergänge geht: wenn Neues beginnt, wenn Gewohntes verabschiedet werden muss, wenn eine Entscheidung ansteht, wie es weitergeht oder ob eine Veränderung überhaupt notwendig ist. In diesen Phasen fungiert das Bewusstmachen der Gegebenheiten gewissermaßen als Reinigung, die Neuausrichtungen und Kurskorrekturen ermöglicht. Im Extremfall führt das Bilanzieren zu dem Ergebnis, dass es in der gegebenen Form nicht weitergehen kann. Daran ist nichts Verwerfliches und es bedeutet keinesfalls das Ende der Partnerschaft. Denn auch wenn es über die Jahre im Alltag häufig in Vergessenheit gerät: Menschen, und mit ihnen ihre Beziehungen, können und müssen sich verändern. Auch dazu sollen Sie hier motiviert werden. Oft bringt schon eine kleine Veränderung (oder auch nur das reine Bewusstmachen) der eigenen Verhaltensweisen Großes ins Rollen. Psychologen, die die Gründe für Ehescheidungen erforschen, sprechen übrigens in Bezug auf die Monotonie in Partnerschaften von einer »Verstärkererosion«[5]: Alles, was uns über längere Zeit und häufig begegnet, verliert fast »automatisch« beträchtlich an Reiz – wenn nicht ausdrücklich etwas dagegen unternommen wird. Das klingt zwar banal, ist aber in der Realität sozusagen der Totengräber vieler Partnerschaften. Auch hier kann Ihnen eine Beziehungsbilanz dabei helfen, realistische Strategien zu finden, mit denen Sie Neues und Veränderung bewusst planen und umsetzen können.

Selbstverständlich wirkt sich die konkrete Lebensphase eines Paares auf die Zufriedenheit mit der Beziehung und der Familie aus. Deshalb ist es für die Bilanzbeurteilung unter anderem wichtig, wie lange die Partner bereits verbunden sind, wie alt sie sind, ob sie verheiratet sind und ob sie Kinder haben. Meine beruflichen Erfahrungen zeigen: Je kürzer ein Paar zusammen ist, desto flexibler kann es sich in der Regel auf neue Herausforderungen einstellen. Andererseits sprechen seit Langem liierte oder verheiratete Paare davon, eine größere Sicherheit in ihrer Beziehung zu empfinden – und von einer größeren Hemmschwelle, sich in Krisensituationen zu trennen. Außerdem verweisen sie häufig darauf, über ein gewachsenes Vertrauen zueinander zu verfügen und einen souveränen und gelasseneren Umgang mit belastenden Zeiten gewonnen zu haben. Dem steht entgegen, dass Scheidungen in Deutschland oft in ganz bestimmten Lebensphasen stattfinden. So beenden zum Beispiel viele Paare kurz nach der Geburt des ersten oder zweiten Kindes ihre Ehe. Auch Partner, die 25 Jahre oder länger verheiratet sind, trennen sich mit größerer Häufigkeit. Phasen wie diese sind eine Zeit des Bilanzziehens: Das Hinzukommen von Kindern verändert auf einen Schlag das komplette Beziehungsleben. Ebenso hat eine ungewollte Kinderlosigkeit enorme Auswirkungen. Eine veränderte Situation ergibt sich auch, wenn die Kinder das Elternhaus verlassen haben und sich ein neuer »sprachloser« Alltag einstellen sollte, dem es an Abwechslung und greifbaren Perspektiven mangelt. Für viele bringt die vermeintliche Freiheit des Alters deshalb nicht nur Erleichterung, sondern sie macht auch Angst.

Im Folgenden soll ein knapper Überblick mit Beispielen verdeutlichen, welchen Entwicklungsphasen und entscheidenden Veränderungen eine Partnerschaft im Lauf des Lebens unterworfen ist. Dafür werden entscheidende Lebensabschnitte der Partnerschaft bzw. der Ehe mit ihren Auswirkungen in einer knappen Übersicht analysiert:

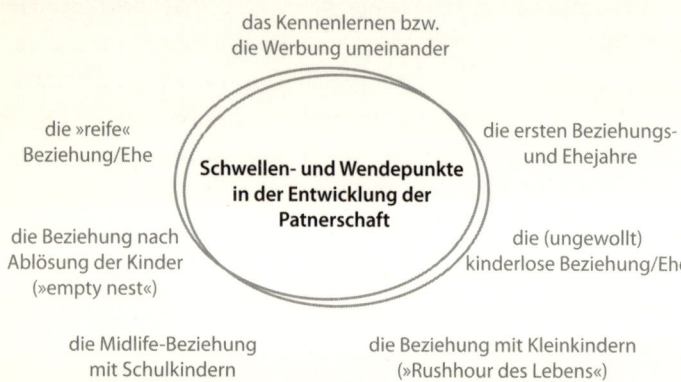

das Kennenlernen bzw.
die Werbung umeinander

die »reife«
Beziehung/Ehe

die ersten Beziehungs-
und Ehejahre

**Schwellen- und Wendepunkte
in der Entwicklung der
Patnerschaft**

die Beziehung nach
Ablösung der Kinder
(»empty nest«)

die (ungewollt)
kinderlose Beziehung/Ehe

die Midlife-Beziehung
mit Schulkindern

die Beziehung mit Kleinkindern
(»Rushhour des Lebens«)

Oft (aber nicht immer!) ist die Zufriedenheit von Paaren mit der Beziehung in den ersten beiden und in der letzten Phase am höchsten. Dann stehen sich die Partner meist sehr nahe. In der Zeit nach der Geburt des ersten und zweiten Kindes sowie nach dem Auszug der Kinder aus dem Elternhaus ist die Zufriedenheit mit der Partnerschaft häufig am geringsten. Werden diese »Prüfungen« bestanden, nimmt das Wohlbefinden in der Beziehung auf lange Sicht wieder zu. Interessanterweise erleben viele Paare, die kinderlos bleiben, diese Entwicklungen eher entgegengesetzt. Sie empfinden in den mittleren Phasen eine überdurchschnittlich hohe Zufriedenheit. Das sind oft jene Zeiten, in denen ein hohes Maß an beruflicher und alternativer Selbstverwirklichung möglich ist. In den späten Phasen stellen sich diesen Paaren Fragen nach Lebenssinn oder drohender Einsamkeit nochmals drängender, wenn der Verlust zuvor nicht angemessen thematisiert und beantwortet werden konnte. Natürlich sind dies allgemein typische Verläufe, die immer nur einen Übersichtscharakter besitzen. und individuell auch sehr unterschiedlich erlebt werden können. Zu Ihrer persönlichen Vertiefung und Einschätzung werden Ihnen deshalb am Ende jeder vorgestellten Lebensphase einige Zusatzfragen angeboten. Die folgenden Grundsatzfragen können aber zunächst als Richtschnur für alle Lebensabschnitte angesetzt werden. Beziehen Sie diese Fragebeispiele zunächst auf eine Lebensphase Ihrer Beziehung, auf die Sie einen besonderen Fokus legen möchten:

Welche Erinnerung/Vorstellungen habe/hatte ich an/von der jeweiligen Lebensphase?

Was befürchte/befürchtete ich für die jeweilige Lebensphase?

Was erhoffe und erwarte/erhoffte und erwartete ich für die jeweilige Lebensphase?

Was wäre/war belastend?

_____

_____

_____

Was wäre/war bereichernd?

_____

_____

_____

Was unterscheidet/unterschied uns in Hinblick auf diese Lebensphase?

_____

_____

_____

Was verbindet/verband uns in Hinblick auf diese Lebensphase?

_____

_____

_____

Was sind/waren Konsequenzen für unsere Partnerschaft?

_____

_____

_____

Was lernen wir daraus/haben wir daraus gelernt?

Was sind/waren unsere Perspektiven für diesen Lebensabschnitt?

Und ganz wichtig: Wie würde mein Partner/meine Partnerin diese Fragen wohl beantworten?

Was wären wohl große Unterschiede in der Beantwortung?

Im Folgenden geht es nicht um die lückenlose Darstellung aller Übergänge im Beziehungsleben, sondern um einen Blick auf das Wesentliche. Auch sind überraschende Krisen und Herausforderungen wie Unglücksfälle oder schwere Krankheiten nicht ausdrücklich berücksichtigt. Für das Vermerken Ihrer persönlichen – positiven wie negativen – Entwicklungen und Erlebnisse wird Ihnen jedoch bewusst Platz eingeräumt. Ihre aktuelle Lebensphase stellt natürlich ein entscheidendes Kriterium für die Art dar, wie Sie die Fragen beantworten: Sie bestimmt die Aufgaben, Anforderungen und Prioritäten für Sie als Paar in ganz unterschiedlicher Weise. Allein deshalb stecken in dieser »Bilanzvertiefung« außergewöhnliche Chancen. Einige wenige Fragen aus dem zweiten Kapitel werden Ihnen erneut begegnen. Sie stehen hier jedoch im Kontext Ihrer momentanen Lebensphase und bieten Ihnen somit einen intensiveren Zugang zu den entsprechenden Themen mit verändertem Blickwinkel.[6]

Anfangsphase: das Kennenlernen/die Werbung umeinander

Ein Paar lernt sich kennen. Oft ist dies auch die Phase des ersten großen Verliebtseins (»Honeymoon«). In dieser Werbungszeit finden die Partner zusammen, sie entscheiden sich füreinander, sie sammeln bereits Argumente, die für und gegen eine langfristige Beziehung oder mögliche Heirat sprechen. In der Verliebtheitsphase befinden sich die Partner auf »Wolke sieben«. Die Welt ist wunderbar und es gibt nichts Wichtigeres, als Zeit miteinander zu verbringen. Stundenlange Gespräche und das Entdecken des Gegenübers nehmen großen Raum ein. Der Alltag wird von der Beziehung komplett beherrscht. Vermeintliche Fehler oder Defizite des Partners werden besonders in der ersten Phase des Verliebtseins ausgeblendet oder toleriert. Schon in dieser Zeit stimmt das Paar Einstellungen und Werte miteinander ab. Es entwickelt grundsätzliche Muster, wie miteinander umgegangen wird. Die euphorische Verliebtheitsphase dauert meist drei bis sechs Monate (bei Paaren, die sich nur selten sehen oder eine Fernbeziehung führen, oft auch länger). Danach kehrt langsam der Alltag ein und es wird deutlich, ob aus der Verbindung eine tragfähige Beziehung und eine langfristige Liebe entstehen können. Planungen und das Klären von Perspektiven treten nun in den Vordergrund. Die Phase des Verliebtseins stellt jedoch keine notwendige Voraussetzung für eine dauerhafte Liebesbeziehung dar – diese kann auch ohne einen stark emotional geprägten Start erwachsen. In jenen Fällen ist das Kennenlernen meist von langsamem Zusammenfinden, freundschaftlicher Verbundenheit oder rationalem Abwägen von Möglichkeiten und Gegenargumenten geprägt. Andererseits sind intensive Phasen des Verliebtseins im Verlauf der Beziehung unabhängig vom Alter der Partner und der jeweiligen Lebensphase immer wieder neu möglich.

Erste Beziehungs-/Ehejahre

Die Partner entscheiden über weitere gemeinsame Anschauungen, etwa darüber, wie sie sich die Arbeitsteilung vorstellen. Wichtige Lebensfragen werden gemeinsam geklärt, beispielsweise wo und wie man langfristig miteinander leben möchte: an einem speziellen Ort, auf dem Land oder in der Stadt, in einer Wohnung oder in einem Haus, zur Miete oder im Eigenheim, verheiratet oder unverheiratet, in Form einer Nah- oder Fernbeziehung, in großer oder geringer Distanz zu den Herkunftsfamilien. Das grundsätzliche Verhältnis von Verbundenheit und Abstand zwischen den beiden Partnern bildet sich in diesem Lebensabschnitt besonders stark aus. Die Entscheidung für oder gegen Kinder stellt sich nun immer drängender. Ihr kommt eine enorme Bedeutung zu: Legt sich ein Partner über längere Zeit hinweg nicht eindeutig fest, weitet sich die Thematik unter Umständen für den anderen Part zu einem elementaren Problem aus. Dies ist vor allem dann der Fall, wenn der Kinderwunsch bei einem der beiden Partner stärker ausgeprägt ist oder wenn bezüglich des passenden Zeitpunkts allzu abweichende Vorstellungen bestehen.

Welche Erinnerungen habe ich an diese ersten beiden Phasen – an unser Kennenlernen und die Anfangszeit unseres gemeinsamen Lebens?

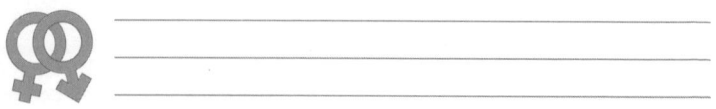

Was hat uns in der ersten Phase zusammengeführt und was hat uns zweifeln lassen?

_____
_____
_____

Was war schwierig?

_____
_____
_____

Warum sind wir in dieser Phase zusammengeblieben?

_____
_____
_____

Was war bei uns anders als oben beschrieben und was erlebten wir ähnlich?

_____
_____
_____

Was aus dieser Zeit vermisse ich oder würde ich gerne wiederbeleben?

_____
_____

Was würde ich im Rückblick gerne ändern?

_____

_____

_____

Was haben wir gelernt?

_____

_____

_____

Wofür bin ich rückblickend dankbar?

_____

_____

_____

Beziehung/Ehe ohne Kinder und ungewollte Kinderlosigkeit

Partner ohne Kinder, besonders im Fall ungewollter Kinderlosigkeit, müssen sich mit den daraus resultierenden Folgen für ihr Beziehungsleben auseinandersetzen. Lebensentwürfe müssen offen diskutiert und evtl. verändert werden, Sinnfragen in den einzelnen Phasen sind entsprechend zu beantworten. Ungewollte Kinderlosigkeit führt immer wieder zu schmerzhaften Gefühlen in der Beziehung. Andererseits kann ein nicht erfüllter Kinderwunsch, wenn er aufrichtig getragen wird, Partner fest zusammenschweißen und andere Verwirklichungen ermöglichen, die sonst nicht umsetzbar gewesen wären. Dazu ist es wichtig, die Konsequenzen miteinander abzustimmen und sowohl einzeln als auch als auch als Paar zu klären, wie das vermeintliche Defizit gefüllt werden und die quälende Sehnsucht lebenslang gelindert werden kann – ohne billig zu vertrösten. Für kinderlose Beziehungen ist es wichtig, einen Zeitpunkt heranreifen zu lassen, ab dem sie sich nicht mehr über den »Mangel« definieren. Wenn es auch immer wieder einen schmerzhaften Moment der Konfrontation mit dem Verlust geben kann: Auf Dauer sollten die Partner bewusst darum ringen, sich an Positivem und über alternative Entfaltungsmöglichkeiten zu definieren. Die folgenden Fragen können für diese Strategien entscheidende Hinweise geben. Vor allem ungewollt kinderlose Paare werden sie im Verlauf der Partnerschaft und abhängig vom Lebensalter immer wieder neu beantworten müssen.

Was bedeutet es für unsere Partnerschaft, kinderlos zu sein/ zu bleiben?

_____
_____
_____

Welche konkreten Fragen und Vorhaben unseres Lebens müssen/mussten wir anders beantworten und gestalten als geplant?

_____
_____
_____

Was sollten wir jetzt ändern/hätten wir ändern sollen?

_____
_____
_____
_____

Was sind/waren die großen Vorteile und Chancen unserer Kinderlosigkeit?

_____
_____
_____

Welche Verletzungen und Nachteile bringt unsere Kinderlosigkeit mit sich?

_____
_____
_____

Wie können wir diese Nachteile gemeinsam minimieren?

_____
_____
_____

Welche zentralen Herausforderungen ergeben sich aus unserer Kinderlosigkeit für unsere Partnerschaft?

_____
_____
_____

Was veränderte sich für uns durch die Kinderlosigkeit im Verlauf des Beziehungslebens?

_____
_____
_____

Wie haben sich angesichts der Tatsache, dass wir keine Kinder bekamen, unsere Freundschaften entwickelt?

_____
_____
_____

Welche haben sich intensiviert, welche gelöst und warum?

_____
_____

Welche Vorteile haben wir durch unsere Kinderlosigkeit?

_____

_____

_____

Was können/konnten wir bewusst veranlassen, um aus dieser Belastung eine neue Kraft und alternative Verwirklichungen für uns als Paar erwachsen zu lassen?

_____

_____

_____

Beziehung/Ehe mit Säuglingen und Kleinkindern

Kinder bedeuten eine große Bereicherung für die Partnerschaft. Andererseits verändern sie die gesamte Paarbeziehung. Die Partner sind gefordert, die eigene Beziehung trotz der meist enormen Beanspruchung als Eltern weiter zu pflegen, um sich nicht nur als Erzieher, sondern weiterhin auch als Paar zu erleben. Diese Herausforderung stellt eine entscheidende Hürde im Beziehungsleben dar. Hinzu kommt, dass gerade die ersten Jahre mit Säuglingen und Kleinkindern auch körperlich viel Kraft kosten. Zahllose durchwachte Nächte hinterlassen auch bei großer Liebe zwischen den Partnern Spuren im Verhältnis zueinander. Dies gilt übrigens nicht nur im Falle der Fürsorge für leibliche Kinder, sondern trifft auch bei Adoptiv- und Pflegekindern sowie auf ganz besondere Weise in Patchworkfamilien zu. Auch die Erotik verändert sich durch den Familienzuwachs enorm: Bei etwa jedem dritten Paar kommt nach der Geburt der ersten Kinder das Sexualleben lange zum Erliegen. Die Zeit, die die Partner miteinander verbringen, wird den veränderten Lebensumständen angepasst. Im Spannungsfeld zwischen Partnerschaft, Kindern, beruflicher und privater Verwirklichung werden die Prioritäten anders gesetzt. Die Gewichtung der im vorangegangenen Kapitel beschriebenen Säulen erfüllender Partnerschaft verschiebt sich stark. Das ist normal und nachvollziehbar. Oft wird in dieser Phase – je nach Möglichkeit – der Kontakt zu den Herkunftsfamilien (Eltern, Schwiegereltern) belebt. Die neue Lebenssituation wirkt sich auch auf den Freundeskreis aus. Meist sind nun Bekannte, die ebenfalls Kinder haben, deutlich präsenter als jene ohne Kinder. Einige interessante Beobachtungen aus der Familienforschung sollen hier noch Erwähnung finden: Überdurchschnittlich viele Männer verbringen nach der Geburt des ersten Kindes deutlich mehr Zeit am Arbeitsplatz als vorher. Dies ist mit großer Wahrscheinlichkeit nicht nur durch den größeren finanziellen Bedarf begründet, sondern dient auch als vermeintlich legitimierte, kleine Flucht vor den neuen Belastungen zu Hause. Des Weiteren pflegt die Mehrzahl der Männer nach fünf Ehejahren keine einzige Männerfreundschaft mehr, die zumindest einmal im Monat ein Treffen impliziert! Frauen hingegen setzen in dieser Phase oft eine deutliche Präferenz zugunsten des Kindes und auf Kosten der Partnerschaft. Das ist nachvollziehbar und kann nicht gegeneinander ausgespielt werden. Aber diese neue »Dreierbeziehung« kann vom Partner als Zurückstufung empfunden werden. Prinzipiell sind diese – oft vorübergehenden – Entwicklungen normal und unproblematisch. Dennoch sind solche Entwicklungen nicht selten erste Warnsignale, und die Gründe für dieses Verhalten sollten in der Partnerschaft offen angesprochen werden.

Es wird von dieser Lebensphase auch als der »Rushhour des Lebens« gesprochen, wenn – meist zwischen 25 und 45 – Beziehung, Heirat, Kinderfrage und berufliches Etablieren gleichzeitig geschafft werden sollen. Ohne notwendige Prioritäten ist dann geballt privater und beruflicher Stress vorhersehbar.

Was erleben/erlebten wir wie oben beschrieben und was anders?

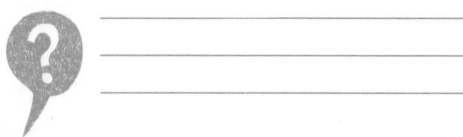

Wie erleben/erlebten wir die Zeit der Schwangerschaft und wie hat sie sich auf uns als Paar ausgewirkt?

_____
_____
_____

Wie hat sich unsere Beziehung verändert, seit wir Kinder wollten und bekamen?

_____
_____
_____

Was ist/war gut
für uns,

_____
_____
_____

für mich,

_____
_____
_____

für dich?

_____
_____
_____

Welche Belastungen ergeben/ergaben sich für

mich,

dich,

uns?

Worauf gilt/galt es besonders zu achten, damit wir trotz der Kinder ein »eigenständiges« Paar bleiben/blieben?

Was sollte anders sein/hätte anders sein sollen?

Wovon profitieren/profitierten wir?

Wie hat sich unsere Rollenverteilung und wie haben sich unsere »Zuständigkeiten« in der Familie entwickelt?

Wer von uns pflegt/pflegte wichtige Freundschaften oder warum ist das schwieriger geworden?

Wie haben sich unsere Freundschaften entwickelt, dadurch dass wir Kinder bekamen?

Was gilt/galt es in Bezug auf wichtige Freundschaften für mich/dich zu beachten?

Sind/waren die Nachteile und Belastungen in dieser Lebensphase fair zwischen uns verteilt?

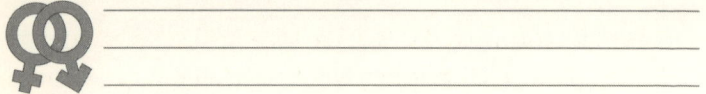

Wie legten wir unsere beruflichen Veränderungen durch das Kind für uns beide fest oder warum haben sie sich so ergeben – und mit welchen Konsequenzen für dich und mich?

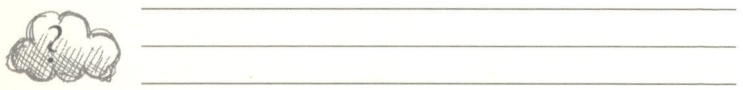

Eine kleine Randnotiz: Für wertvolle Orientierungen zu dieser Lebensphase ist der Ratgeber *Partnerschaft und Babykrise* von Wolfgang Schmidbauer zu empfehlen (siehe Weiterführende Literaturempfehlungen am Ende dieses Buches). Er bietet hilfreiche Analysen und Tipps.

Beziehung/Ehe mit Schulkindern und Pubertierenden

In dieser Phase definiert das Paar die gegenseitige Unterstützung in der Begleitung und Erziehung der Schulkinder. Eine Veränderung des Lebensstils ergibt sich oft auch dann, wenn für einen oder beide Partner der berufliche Wiedereinstieg (teilweise) möglich wird. Die Rollen innerhalb der Partnerschaft und der Familie sind dann erneut zu klären.

Wie haben/hatten wir festgelegt, wer von uns beiden in dieser Phase wie viel arbeitet – und wollen/wollten wir das beide genau so?

_____

_____

_____

Wie wird/wurde zwischen uns geklärt, in welcher Form die Rollenaufteilung stattfinden soll?

_____

_____

_____

Wie hat diese Lebenssituation unsere Beziehung verändert?

_____

_____

_____

Worin liegen/lagen meine/deine/unsere Prioritäten in dieser Lebensphase?

_____
_____
_____

Wie haben sich unsere Zeiteinteilung und die Zuständigkeiten verändert?

_____
_____
_____

Was sind/waren Fehler, die wir in dieser Lebensphase begehen/begangen haben?

_____
_____
_____

Was lernen wir/haben wir in dieser Zeit besonders gelernt?

_____
_____
_____

Was sollten wir ändern/hätten wir ändern sollen?

_____
_____
_____

Was wünsche ich mir für diese Lebensphase (im Rückblick/ im Ausblick)?

Beziehung/Ehe nach Ablösung der Kinder

Dies ist die Zeit der Beziehungsbilanz schlechthin. Wenn die Kinder »aus dem Haus sind«, verändert sich das gesamte System der Partnerschaft erneut. Die tragenden Muster und die vier Säulen erfüllender Partnerschaft müssen neu ausgelotet und gegebenenfalls wiederbelebt werden. Das »leere Nest« stellt die Partner vor neue Aufgaben. Die Beziehungen nach außen, zum Beispiel zu den Herkunftsfamilien und den Freunden, verändern sich. Mehr denn je gilt es in dieser Zeit, gemeinsame Perspektiven zu entwickeln. Da in dieser Lebensphase oft eine gewisse Sprachlosigkeit und »Lähmung« zwischen den Partnern vorherrscht, ist nun ein gemeinsames Bilanzziehen wichtig und sehr fruchtbar. Vorherrschende Distanz wird nun besonders intensiv empfunden (»Wir leben nur noch nebeneinander her!«). Gleichzeitig erscheinen dann vermeintliche »Alternativen« und ein Neuanfang mit einem anderen Partner/einer anderen Partnerin reizvoller und interessanter als selten zuvor. Die folgenden Fragen helfen, den Schwierigkeiten in dieser Phase zu begegnen:

Was ist/war in dieser Phase für uns als Paar möglich und unbedingt nötig?

_____
_____
_____

Was soll/sollte sich schnell ändern?

_____
_____
_____

Ist/war mir/dir das genug?

_____
_____
_____

Kann/konnte und will/wollte ich so weiterleben?

_____
_____
_____

Was wünsche/wünschte ich mir von meinem Partner/meiner Partnerin?

_____
_____
_____

Was sind/waren im Rückblick Fehler, die ich nun nicht mehr machen möchte?

_____
_____
_____

Was sind/waren in dieser Situation meine besonderen Sehnsüchte und Wünsche für die Zukunft?

_____
_____
_____

Was erlebt/erlebte in dieser Zeit mein Gegenüber ähnlich?

_____
_____
_____

Was erlebt/erlebte mein Gegenüber in dieser Zeit anders?

_____
_____
_____

Was bedeutet das für mich, was für ihn/sie, was für uns als Paar?

_____
_____
_____

Welche Aktivitäten können/konnten Lebendigkeit in unsere Partnerschaft bringen?

_____
_____
_____

Was braucht/brauchte mein Partner/meine Partnerin in dieser Phase besonders?

_____
_____
_____

Welche Perspektiven vermisse/vermisste ich?

Was verletzt/verletzte mich in dieser Phase?

Was wünsche ich mir, damit ich nun erfüllt weiterleben kann?

»Reife« Beziehung/Ehe

In der reifen Beziehung neue Lebensinhalte zu finden ist eine Herausforderung. Mit dem Ruhestand setzt oft ein verstärktes Suchen nach dem allgemeinen Lebenssinn und nach anderen, erfüllenden Inhalten ein. Themen wie Krankheit/Pflege oder Glaube/Tod werden spätestens jetzt in Bezug auf die Eltern, aber auch für das eigene Leben unmittelbar erfahrbar und erfordern neue Lebenseinstellungen. Allerdings sind die sich in dieser Phase stellenden, drängenden Fragen nicht selten tabuisiert. Auf das Leben wirken sie sich dennoch aus, ob sie nun ausgesprochen werden oder nicht. Es kann eine große Erleichterung sein, wichtige Themen endlich offen anzusprechen, damit sie nicht zu einer größeren Belastung anwachsen. Wichtige Fragen dieser Lebenszeit sind:

Wo und wie wollen wir eigentlich im Alter leben?

Was gilt es zu regeln, damit es mir/dir/uns möglichst gut geht?

Welche Kompromisse müssen wir dafür eingehen?

Was kann ich meinem Partner/meiner Partnerin »anbieten«?

Was empfinde ich als belastend/was macht mir Angst?

Was sollte dringend geregelt werden?

Was erhoffe ich mir für diese Jahre?

Was möchte ich auf keinen Fall?

Wagen wir es, über Themen wie Testamente, Patientenver-
fügungen und mögliche Organspenden sowie über Wünsche
und Vorstellungen bezüglich der Bestattung zu sprechen?

_____

_____

_____

Wenn ja, was wäre gut wenn wir es jetzt thematisieren und
regeln?

_____

_____

_____

Wenn nicht, könnten wir die Antworten füreinander auf-
schreiben?

_____

_____

_____

Welchen Wunsch, welche Sehnsucht habe ich für mich/dich/
uns für diese Lebensphase besonders?

_____

_____

_____

4. Wie es jetzt weitergehen kann

Um den Überblick über unseren finanziellen Status zu behalten, erhalten wir von unserer Bank regelmäßig Kontoauszüge. Wenn wir an unserer Arbeitsstelle wissen wollen, welche Verbesserungsmöglichkeiten es für uns gibt und wie wir eingeschätzt werden, bitten wir um ein Zwischenzeugnis. In Bezug auf die Partnerschaft erscheinen uns solche Verhaltensweisen abstrakt oder sogar bedrohlich. Und doch: Wie sollen gemeinsam Veränderungen vorgenommen werden, wenn wir nicht ab und zu voreinander »Zeugnis ablegen«? Deshalb möchte ich Sie zum Ausklang dieses Buches noch einmal ausdrücklich dazu motivieren, Ihre Antworten mit Ihrem Partner/Ihrer Partnerin auszutauschen – falls Sie dies nicht ohnehin schon getan haben. Zu viele Beziehungen scheitern unnötig, weil nicht rechtzeitig Kursänderungen vorgenommen wurden. Zum Beispiel hat nur etwa jedes zehnte Paar, das sich scheiden lässt, überhaupt eine professionelle Beziehungsberatung in Anspruch genommen. Die Mehrheit der Paare, die eine Beratung aufsuchen, geben zudem an, eigentlich schon seit Jahren unzufrieden zu sein. Rückblicke auf gescheiterte Partnerschaften ähneln oft der Beschreibung, die mir eine meiner Seminarteilnehmerinnen zukommen ließ: »*Selbst als unsere Krise nicht mehr zu verbergen war, schien ihm eine Beratung peinlich und lächerlich. WIR brauchen so etwas nicht, war sein Standardsatz dazu, sooft ich das Thema auch ansprach. Irgendwann war es dann aber zu spät und ich zog mich mehr und mehr zurück. Als ich ihm meine Trennung mitteilte, wäre er plötzlich zur Bera-*

tung bereit gewesen, aber ich hatte nach Jahren des Kämpfens kei-
ne Kraft mehr dazu. Das war umso schlimmer.«

Sie haben mit der Beantwortung der Fragen in diesem Buch einen wichtigen Schritt unternommen. Sie kennen jetzt Ihre »Land-
karte« und eine Route ist vorgegeben. Nun kommt es darauf an,
dass Sie sich (gemeinsam mit Ihrem Partner/Ihrer Partnerin) weiter auf den Weg machen. Für diese Zukunft müssen Sie sich beide aufraffen und Kompromisse finden. Sie wissen jetzt um Ihre
eigenen Stärken und Schwächen und um die Ihres Lebensgefähr-
ten/Ihrer Lebensgefährtin. Sie wissen um Sehnsüchte, Ängste, Erwartungen, Verletzungen und Hoffnungen. Dies ist alles andere
als selbstverständlich und ein gutes Rüstzeug für weitere Etap-
pen. Eine riesige Bereicherung ist es, mit diesem Wissen ein Kom-
munikationstraining für Paare zu belegen. Der Aufwand ist über-
schaubar, es handelt sich meist nur um zwei Wochenenden. Und
doch ist damit Außergewöhnliches für die Partnerschaft möglich.

4.1 Denkanstöße und Ausblick zum Neu-
anfang

Bilanzziehen klingt nach Abschluss, tatsächlich aber ist es immer
ein Neuanfang! Bilanzziehen erinnert auch an Aufrechnen, doch
meist führen wir innerlich ohnehin Buch. Und nicht selten fällt
uns dabei vor allem Negatives auf. Umso wichtiger ist es, bei der
Bilanz die »Habenseite« und das Positive zu betrachten und zu
würdigen. Kommunikationsforscher wissen, dass wir uns Positives und Negatives im Verhältnis 1 zu 5 merken. Das heißt, um die

aus einer einzigen negativen Erkenntnis oder Aussage erwachsenden Gefühle auszugleichen, müssen uns fünf positive Aspekte begegnen. Auch diesem Teufelskreis kann eine seriöse Beziehungsbilanz entgegenwirken. Durch die Bestandsaufnahme, die Soll und Haben auf beiden Seiten erfasst, insbesondere aber Stärken und Chancen hervorhebt, können Sie als Paar entscheidende Schritte für den erfüllenden Fortgang der Beziehung einleiten. Dabei können Sie sich auch Hilfestellung und Beratung gönnen. Wichtige Anlaufstellen und weiterführende Literatur werden Ihnen im Folgenden vorgestellt. Zunächst aber stelle ich Ihnen eine Auswahl an speziellen Kommunikationstrainings für Paare vor, die fast immer kleine Wunder für die Kommunikation und die Zufriedenheit in der Partnerschaft bewirken. Es ist nun an Ihnen, Konsequenzen zu ziehen, weitere Strategien zu entwickeln und Ihre Einstellungen und Gewohnheiten offenzulegen. Vor allem aber gilt es, die Dinge zu ändern, die Ihre Partnerschaft gefährden, um eine erfüllende Beziehung zu ermöglichen oder schrittweise wieder aufzubauen. Die Beziehungsbilanz war eine wichtige Etappe für das Erreichen dieses Ziels. Nun geht es darum, den Alltag damit zu beflügeln.

Möglich ist es! Wenn Sie es wollen!

4.2 Kommunikationstraining – »kleines Wunder« für die Partnerschaft

Das Geheimnis zufriedener Paare liegt im Gespräch. Wenn es gelingt, die eigenen Bedürfnisse und Wünsche mitzuteilen und die des Partners/der Partnerin besser zu verstehen, wenn Meinungsverschiedenheiten konstruktiv geklärt werden können, dann wird nicht nur die Beziehung gerettet, sondern auch die Liebe (neu) belebt. EPL/KEK, KOMKOM und »Paarlife« sind als Kommunikationstrainings für Paare besonders zu empfehlen, da ihre Wirksamkeit empirisch nachgewiesen ist. Sie sind mit einer Dauer von ein bis zwei Wochenenden kompakt aufgebaut, werden in ganz Deutschland und oft auch in Österreich und der Schweiz angeboten und sind meist recht preiswert, da sie regional (in unterschiedlichem Maß) finanziell unterstützt werden. In diesen Kursen üben Paare, sich so auszudrücken, dass das Gesagte richtig verstanden wird, und so zuzuhören, dass die Botschaft des Partners/der Partnerin korrekt erfasst wird.

EPL – Ein Partnerschaftliches Lernprogramm:
Dieses Gesprächstraining richtet sich an Paare, die erst seit ein bis zwei Jahren zusammen sind. Es dauert in der Regel ein Wochenende lang. Nach der Einführung, bei der alle Teilnehmer zusammen sind, besprechen die einzelnen Paare in separaten Räumen mit Unterstützung durch speziell ausgebildete Trainer/innen individuelle Themen. Die Veranstaltungen sind meist für vier Paare mit zwei Trainer/innen ausgelegt. Der Kurs besteht aus sechs Einheiten:

• »Wir verstehen uns!« – Fehler und Möglichkeiten im Paargespräch

- »Ich kann mit dir reden, auch wenn ich sauer bin!« – unangenehme Gefühle äußern

- »Wir kommen einen Schritt weiter!« – Probleme lösen

- »Das wünsche ich mir in unserer Beziehung!« – Erwartungen an die Partnerschaft

- »So stelle ich mir unsere erotische Beziehung vor!« – Zärtlichkeit und Sexualität

- »Das trägt mich und uns!« – über Wertvorstellungen und Glauben sprechen

KEK – Konstruktive Ehe und Kommunikation:
Dieser Kurs eignet sich für alle, die eine Betrachtung ihrer Beziehungsgeschichte in das Gesprächstraining einschließen möchten. Diese Erweiterung ist sinnvoll und empfehlenswert. KEK baut auf EPL auf und richtet sich vor allem an Paare, die – verheiratet oder nicht verheiratet – seit mehreren Jahren verbunden sind. In den sieben Einheiten werden neben den Themenbereichen des EPL folgende Punkte angesprochen:

- »Was ich an dir schätze« – angenehme Gefühle äußern

- »Wie reden wir im Alltag miteinander?« – gemeinsame Gesprächskultur

- »Unsere Beziehung ist lebendig« – Veränderungen und Neuorientierungen in der Partnerschaft

• »Was uns zusammenhält« – Stärken der Beziehung

Die Kurse erstrecken sich in der Regel über zwei Wochenenden. Auch hier bespricht jedes Paar, von speziell ausgebildeten Trainer/innen begleitet, in einem eigenen Raum die persönlich relevanten Aspekte. An den Veranstaltungen nehmen meist vier Paare teil, die von zwei Trainer/innen angeleitet werden.

KOMKOM – Kommunikations-Kompetenztraining in der Paarberatung:
Diese Veranstaltungen werden vor allem von seit mehreren Jahren liierten Paaren besucht, die wegen Partnerschaftsproblemen Unterstützung suchen. Dabei stehen Kommunikationsstörungen im Vordergrund. In Fällen, in denen die Partnerschaft bereits stark belastet oder akut vom Scheitern bedroht ist, bietet dieses Training eine hervorragende Anlaufstelle. In den Kursen werden grundlegende Fertigkeiten für die konstruktive Paarkommunikation, das Problemlösen, das Krisenmanagement und den Aufbau einer beziehungsfreundlichen Gesprächskultur erarbeitet und eingeübt. Das Betonen vorhandener Stärken der Beziehung fördert dabei positive Veränderungsprozesse. Die kompakten Kurse zielen unmittelbar auf eine Verbesserung der Kommunikations- und Problemlösungskompetenzen innerhalb der Beziehung ab. Sie werden meist von den gleichen Anbietern durchgeführt, die auch EPL- und KEK-Kurse veranstalten. EPL/KEK und KOMKOM wurden vom Institut für Forschung und Ausbildung in Kommunikationstherapie e.V. in München entwickelt und beinhalten oft eine Kinderbetreuung.

»**Paarlife**« ist ein Präventionsangebot zur Stärkung von Paarbeziehungen, das von dem Züricher Paarforscher Prof. Dr. Guy Bodenmann entwickelt wurde. In Wochenendkursen trainieren Paare Kommunikation, Stressbewältigung und Problemlösen innerhalb ihrer Beziehung. Auch die Wirksamkeit dieses Trainings wurde durch mehrere Studien nachgewiesen.

Zu den genannten Kommunikationstrainings sind auf den entsprechenden Webseiten auch interaktive DVDs erhältlich, die sich hervorragend zur Unterstützung und Auffrischung der Kurse eignen, das eigentliche Training jedoch nicht ersetzen.

4.3 Eine »kompakte« Beziehungsbilanz zum Schluss

Was sind die entscheidenden Erkenntnisse am Ende dieses Buches:

für mich

_____
_____
_____

für dich aus meiner Sicht

_____
_____
_____

für uns

Was sollten wir als Konsequenz aus den 100 Fragen von Kapitel 2 und den Fragen von Kapitel 3 besonders beachten?

in den kommenden Wochen?

in den kommenden Monaten?

auf lange Sicht?

Worin liegt die größte Gefahr für uns, wenn ich an die Erkenntnisse aus den 100 Fragen und dem vertiefenden Kapitel denke?

Was freut mich ganz besonders, wenn ich an die Beantwortung der Fragen (oder auch den Austausch der Erkenntnisse mit meinem Partner) denke?

Welche Einsichten, Fragen und Antworten haben sich mir besonders eingeprägt – und warum?

Welche Erkenntnisse und Fragen waren mir unangenehm – und warum?

Bei welchen Fragen fiel es mir besonders schwer, Antworten zu geben?

Bei welchen Fragen fiel mir die Beantwortung besonders leicht?

Sie erinnern sich an den Sinnspruch: »Versuche so zu leben, wie du in deiner letzten Stunde gelebt haben möchtest.« Bitte nehmen Sie sich diesen Satz zu Herzen, wenn Sie die folgenden Fragen beantworten:

Was muss geändert werden, damit für uns ein gutes Miteinander und ein Neuanfang als Paar möglich werden?

von mir?

_____
_____
_____

von dir?

_____
_____
_____

von uns?

_____
_____
_____

Was muss keinesfalls geändert werden – und warum?

_____
_____
_____

Was wäre mein größter Wunsch für meine Partnerschaft und mein Leben generell?

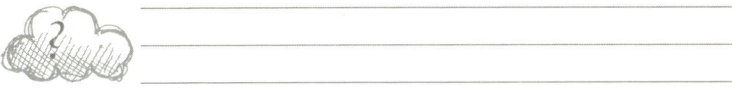

_____

_____

_____

Was kann ich/was kannst du/was können wir als Paar dazu beitragen, der Erfüllung dieses Wunsches ein wenig näher zu kommen?

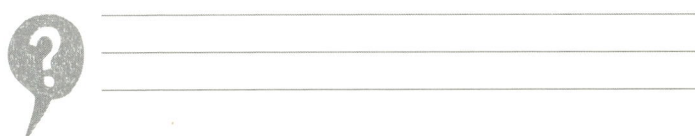

_____

_____

_____

Zeitlos wichtig:

- Heimliche Wünsche werden unheimlich selten erfüllt!
- Sie können niemals Ihren Partner/Ihre Partnerin ändern. Das ist unmöglich! Aber Sie können sich, Ihre Einstellungen und Ihr Verhalten verändern. Damit kommt fast immer auch Bewegung in die Partnerschaft.
- Fange nie an aufzuhören. Höre nie auf anzufangen!

Weiterführende Literaturempfehlungen

G. Bodenmann: *Beziehungskrisen erkennen, verstehen und bewältigen.* Huber 2005.

G. Bodenmann: *Stress und Partnerschaft. Gemeinsam den Alltag bewältigen.* Huber 2006.

G. Bodenmann/C. Fux Brändli: *Was Paare stark macht. Das Geheimnis glücklicher Beziehungen.* Beobachter – Buchverlag 2011.

J. Engl/F. Thurmaier: *Wie redest du mit mir? Fehler und Möglichkeiten in der Paarkommunikation.* Kreuz Verlag 2012.

K. v. Eysmondt: *»Du, Schatz ...«. Erfolgreich eine Fernbeziehung führen. Wie kann es gehen?* Mit einem Nachwort von Peter Wendl. Ellert & Richter 2011.

A. Grün/R. Robben: *Grenzen setzen – Grenzen achten. Damit Beziehungen gelingen – Spirituelle Impulse.* Herder 2007.

H. Jellouschek: *Die Rolle der Geliebten in der Dreiecksbeziehung.* Mosaik bei Goldmann 2008.

H. Jellouschek: *Warum hast du mir das angetan? Untreue als Chance.* Piper 2003.

H. Jellouschek: *Wie Partnerschaft gelingt – Spielregeln der Liebe. Beziehungskrisen sind Entwicklungschancen.* Herder 2007.

M. Jung: *Ich liebe dich. Nur nicht grad jetzt. Große Liebe, kleine Krisen.* Herder 2002.

V. Kast: *Sich einlassen und loslassen: Neue Lebensmöglichkeiten bei Trauer und Trennung.* Herder 2012.

M. Kirshenbaum: *Ich will bleiben. Aber wie? Neuanfang für Paare.* Scherz Verlag 2012.

W. Schmidbauer: *Die Angst vor der Nähe.* rororo 2002.

W. Schmidbauer: *Partnerschaft und Babykrise.* Gütersloher Verlagshaus 2012.

P. Wendl: *Gelingende Fern-Beziehung. Entfernt zusammen wachsen.* Herder 2013.

P. Wendl: *Soldat im Einsatz – Partnerschaft im Einsatz. Praxis- und Arbeitsbuch für Paare und Familien in Auslandseinsatz und Wochenendbeziehung.* Herder 2012.

Wichtige Webadressen

www.wendl.de: Homepage des Autors

www.katholische-eheberatung.de: Ehe-, Familien-, Lebens- und Krisenberatung der katholischen Kirche mit einer Übersicht über regionale Beratungsstellen

www.evangelische-beratung.info: Ehe-, Familien-, Lebens- und Krisenberatung der evangelischen Kirche mit einer Übersicht über regionale Beratungsstellen

www.telefonseelsorge.de

www.akf-bonn.de: EPL/KEK und KOMKOM
(klicken auf »Ehe & Partnerschaft« = > »Ein Kick mehr Partnerschaft: EPL/KEK«)

www.institutkom.de: EPL/KEK und KOMKOM

www.paarlife.ch: Informationen und Anbieter für »Paarlife«

www.gelingende-fernbeziehung.de: Informationen für Paare in Fernbeziehungen

www.soldat-familie-partnerschaft.de: Informationen für Soldatenfamilien und Paare in Auslandseinsätzen und Wochenendbeziehungen im Kontext der Bundeswehr

Anmerkungen

1   Vgl. zu den Säulen erfüllender Partnerschaft P. Wendl: *Gelingende Fern-Beziehung. Entfernt zusammen wachsen*, 6., erweiterte Auflage, Herder 2013 sowie P. Wendl: *Soldat im Einsatz – Partnerschaft im Einsatz. Praxis- und Arbeitsbuch für Paare und Familien in Auslandseinsatz und Wochenendbeziehung*, 3. Auflage, Herder 2012.

2   Vgl. auch G. Bodenmann: *Partnerschaft stärken. Ein Ratgeber*, Fribourg 2008, Seite 7 und 22–24 sowie G. Bodenmann/C. Fux-Brändli: *Was Paare stark macht. Das Geheimnis glücklicher Beziehungen*. Ein Ratgeber aus dem Beobachter-Buchverlag 2011 und P. Wendl: *Gelingende Fernbeziehung*.

3   Vgl. dazu die Ergebnisse im Rahmen der Pairfam-Studien unter **www.parifam.de** sowie ergänzend das Interview mit A. Trossen, in: »Die Geheimnisse einer glücklichen Ehe. Es fehlt die Vision, das gemeinsame Ziel«, FOCUS Magazin, Nr. 33, 2012, sowie den Artikel: »Lebe lieber unvollkommen«, in: Spiegel 52/2011.

4   Vgl. P. Wendl: *Gelingende Fern-Beziehung*, besonders Seiten 18–21, sowie P. Wendl: *Soldat im Einsatz – Partnerschaft im Einsatz*, besonders Seiten 20 und 21.

5   Vgl. dazu besonders G. Bodenmann: *Partnerschaft stärken* sowie G. Bodenmann/C. Fux-Brändli: *Was Paare stark macht*.

6   Die folgenden Skizzen und Ausführungen zu Übergängen und Veränderungen in der Partnerschaft/Ehe orientieren sich stark an P. Wendl: *Soldat im Einsatz – Partnerschaft im Einsatz* (insbesondere Seiten 57–60).

Vielen Dank!

Für die Umsetzung dieses Buches waren viele Menschen und Gespräche wichtig. Stellvertretend möchte ich einigen Personen besonders danken:

Für die Basis eines herrlichen Lebens, für die Liebe und Freiheit sowie kritische Begleitung und Ideen danke ich von Herzen meiner wunderbaren Frau Tanja.

Meinen Familien Wendl und Rochelt danke ich für den wertvollen Rückhalt und unsere starke Verbundenheit: Elfriede, Anderl, Hans, Emmi, Herbert sowie Benedikt und Marina, Elisabeth und Dietmar mit ihren Familien ebenso wie Pia, Manfred und Mark mit Christina!

Für wichtige Inspirationen und Umsetzungsideen danke ich ganz besonders Frau Diplom-Pädagogin Alexandra Ressel. Herrn Diplom-Psychologen Jan Schlieter danke ich sehr für seine konstruktiven Korrekturen und wertvollen Anregungen. Für den wichtigen Motivationsschub durch unsere außergewöhnliche Zufallsbegegnung in Berlin, nach dem ich dieses Projekt erst vollendete, danke ich Herrn Oliver Kuhn. Ebenfalls danke ich herzlich Dr. Sybille Wallner vom mvg-Verlag für die konstruktive Zusammenarbeit. Besonders danken muss ich den vielen Paaren, die ich in Seminaren und Gesprächen begleiten durfte und durch die die Idee dieses Fragenbuchs immer weiter vorangetrieben wurde!

Stressfreie Liebe
ohne Nebenwirkungen

240 Seiten
16,99 €
ISBN 978-3-86882-236-6

Gabriela Friedrich

ÄNDERE NICHT DEINEN PARTNER, ÄNDERE DICH SELBST

Negative Beziehungsmuster erkennen und auflösen: So machen Sie nie wieder dieselben Fehler

Welche Frau kennt das nicht: immer wieder Streit mit dem Partner über die gleichen Dinge. Immer wieder das Gefühl, nicht verstanden zu werden. Immer wieder der gleiche Typ Mann, der einem das Leben schwer macht. Beziehungscoach Gabriela Friedrich entlarvt unbewusste Prägungen und festgefahrene Muster in unserem Unterbewusstsein als heimliche Beziehungssaboteure, die für ein lausiges Liebesleben sorgen. Die Strategie: Ein „emotionaler Hausputz", um die lästigen negativen Denk- und Verhaltensgewohnheiten endlich abzulegen. Und das geht leichter, als frau denkt. Voller Klugheit, Feingefühl und Humor präsentiert die Kommunikationsexpertin die erfolgreiche Mentaltechnik BSFF (be set free fast; dt.: Sei schnell davon frei), eine Art Virenscanner fürs Unterbewusstsein, der hinderliche innere Programme und Konditionierungen beseitigt und ein neues Bewusstsein schafft. Das Ergebnis: ein positives Beziehungs-Ich, das Zweisamkeit der Güteklasse A garantiert.

mvgverlag

Alles über die Liebe

240 Seiten
14,99 €
ISBN 978-3-86882-440-7

Manfred Hassebrauck
DIE GESETZE DER LIEBE
Warum wir lieben, wen wir lieben,
wie wir die Liebe erhalten

Professor Dr. Manfred Hassebrauck ist Deutschlands führender Experte zu den Themen Liebe, Partnerwahl und Beziehung. In seinem Buch verrät er alles, was man über die Liebe wissen muss: welchen Einfluss die Hormone haben, ob Aussehen wichtiger ist als innere Werte, ob Frauen tatsächlich treuer sind als Männer und wie entscheidend die Ähnlichkeit zweier Menschen für das Gelingen einer Beziehung ist. Das Buch bietet außerdem exklusive wissenschaftliche Tests für Singles und Paare: Der Leser kann auf diese Weise feststellen, wo die Stärken und Schwächen seiner Beziehung liegen. Schritt für Schritt kann mithilfe ausgeklügelter Fragebogen erkundet werden, welcher Partner der richtige ist.